青春文庫

# 故事・ことわざ・四字熟語 教養が試される100話

阿辻哲次



青春出版社

# はじめに

中学校の先生をしている知人が、最近の子供たちが伝統的な昔話をほとんど知らないのには閉口すると嘆いていた。卒業生が集まって、彼らが在学中に埋めた「タイムカプセル」を掘り出そうとした時に、彼が横から「ここ掘れワンワン」とちゃかすと、一同がきょとんとして、「先生それなんのこと?」とたずねたというのである。

私には意外な話だった。日本各地の民話を、大人も子供も楽しめるきれいなアニメと、いぶし銀のような名ナレーションで語る人気番組が、ずいぶん長い間、夕食時のゴールデンタイムに放送されて、高視聴率をあげていた。本屋にいっても、幼児から小学生向けの童話や民話が本棚に何種類もならんでいるのだから、いまの子供が昔話を知らないとは思えない、と疑問を呈したところ、ふたたび予想外の返事が返ってきた。知人がいうには、テレビ番組で放送される民話は研究者が「発掘」して整理し直したものであって、一昔前ならだれでも知っていた「桃太郎」や「舌切り雀」、「花咲じいさん」、「かちかち山」などを、いまの子供たちはほとんど知らない。親子のコミュニケーションをテレビや書物にまかせっぱなしにするからこんなことになるのだ、と彼は憤慨し、子供たちの親自身だって話をろくに知らないのだから、まぁ仕方ないことなのかも知れないな、とつぶやいた。

その後数日は私も考えこんだものだった。高校生と中学生になる拙宅の子供たちは、「桃太郎」をおそらく知っている。私が話したのか、絵本で読んだのか、それとも幼稚園で教わったのか、いずれにせよ話の概略は知っているにちがいないが、では彼らがどれほど正確に語れるかと問われれば、いささか心許ない感じがする。

「桃太郎」ならきちんと語れる自信が私にはあるが、しかし子供たちがものごころついてから、それを正確に話して聞かせた記憶はない。自己弁護すれば、月どころか火星にまでロケットが届く時代に、川を流れてきたモモの中から男の子が出現し、その子供が成長してからはキビ団子（これを説明するのも苦労する）と引き換えに部下になったキジとサルとイヌを引き連れて、悪いことばかりしている鬼を退治に出かけて勝利する、というストーリーを話して聞かせることにつきまとう「もどかしさ」（あるいは「しらじらしさ」？）が、私の内部に大きく存在していたにちがいない。

それでも先祖から伝えられた昔話を私たちが受けつぎ、それを後世に伝えていくことは絶対に必要だ。昔話に見える過去の環境と現代の文明のあいだに介在するギャップと、それをそのまま伝えることにつきまとう違和感は、私だけでなく、それぞれの人間が自分なりに克服していくしかないのだろう。

いまの子供たちがもし「桃太郎」に正面から立ち向かえば、大きなモモを拾って帰ったおばあさんは、それまで洗っていた洗濯物をいったいどうしたのだろうとか、モモを切った時に少年がなぜ無傷であったのか、とかの疑問をいだいても不思議ではない。あるいはキビ団子ごときにつられて部下になった動物たちに対する批判だって、きっとあるにちがいない……。というのは、もちろん悪質ないいがかりであり、そんな可愛げのないことを口にする子供は実際には存在しない。昔話はほんわかとした雰囲気につつまれるべきものであり、精緻で冷徹な分析の対象になるものではない。

しかしそれが故事成語となると、ことはそう単純ではない。大学を卒業して就職したばかりの若者が、かりに「桃太郎」の話を正確に知らなくても、せいぜい他人からの軽微な微苦笑に出あうだけで、そのことで知性に対する軽視や人格的批判を受けることはまずない。

しかし同じ人物が、もしも「情けは人のためならず」という格言を「温情をかけるのは相手を甘やかすよくない行為である」と理解していれば、それだけでその人は、「あいつは大学を出てるのにそんなことも知らないのか、これまでいったい何を勉強してきたんだ……」と非難され、他者から馬鹿者呼ばわりされることを覚悟しなければならないだろう。「故事成語」という講義科目を設置している大学などめったにないだろうし、ほとんどの大学生には「故事成語」よりももっと重要な学習事項があるのだが、それでも故事成語の意味をまちがうと、冷たい目線で迎えられる。

昔話とはちがって、故事成語は大人むけだから、一人前の大人としては、それにある程度通じていなければならないという認識が日本にはある。だからそれは特に、組織の上に立つものがおこなうスピーチに権威をあたえたり、彼らが書く文章にちりばめられて、格調の高さを示したりする。つまり故事成語は「ハレのことば」として私たちの前にあり、それゆえ誤解や誤用があれば厳しくとがめられるわけだ。

だが「最近の若者は故事成語を知らない」と嘆く人々は、はたしてそれを完全に正しく理解しているのだろうか？　その使い方や意味はわかっていても、そのいい方の由来をきちんと把握しているだろうか？　それぞれの表現には各時代の文化的背景があるのだが、そこまでふみこんで正しく理解しているだろうか。

いまの子供は「待ちぼうけ」の歌を知らないと大人たちは嘆く。しかし農夫はウサギをいったいどうしたのだろうか。農夫はなぜ野良仕事をやめて二匹目のウサギを待ち続けたのだろうか。それはウサギが当時の食肉の一種であったからなのだが、「守株《しゅしゅ》」の話を語る人は、農夫が獲たウサギの結末を考えることがめったにない。

「折檻《せっかん》」はもともと命がけで君主をいさめた人物にまつわる話だったのだが、いまは上から下への体罰という意味で使われる。児童虐待の折檻を非難する人はいたるところにいるが、故事本来の意味が変わったことはほとんど知られていないのが現実だ。

それぞれの故事成語には時代の環境と文化的背景がある。本書ではそれを可能なかぎり明らかにしようと試みた。「目からウロコ」と題したゆえんである。

阿辻哲次

※本書は、2004年10月に小社から刊行された新書『故事成語　目からウロコの85話』を加筆・修正し、新規項目を加えて文庫化したものです。「はじめに」は初版時のまま掲載しています。

目次

1章

# こんな由来があったのか！ 故事・ことわざ編

2章

知れば知るほど面白い！
# 四字熟語編

## 3章 つい人に話したくなる！
# 慣用句編

本文デザイン／浦郷和美
本文DTP／森の印刷屋

# 1章

こんな由来があったのか!

# 故事・ことわざ編

# 衣食《いしょく》足《た》りて栄辱《えいじょく》を知《し》る

## ◇食べるものも着るものもあふれる日本で思うこと

世間一般に「衣食たりて礼節を知る」と言われる格言は、その出典である『管子《かんし》』（牧民《ぼくみん》）では、「倉廩《そうりん》実つればすなわち礼節を知り、衣食足ればすなわち栄辱《えいじょく》を知る」という表現で出てくる。「倉廩」とは穀物貯蔵庫つまり米倉のことで、それがいっぱいになるほどに国が豊かになって、人ははじめてマナーと節操《せっそう》をわきまえるようになり、着るものや食べるものに困らなくなって、人はようやく名誉と恥辱の区別がつくようになる、という意味である。本来は国家と個人の経済状況について述べる二句で構成される成語が、いつの間にか日本では、前後の句から一節ずつをとって標題のようにいわれるようになったわけだが、一句であろうが二句であろうが、いわんとすることはほとんどかわらない。

これは春秋時代の大国「斉《せい》」で宰相となった管仲《かんちゅう》（前六四五没）が、主君である桓公《かんこう》に対して富国強兵策に関する基本的な認識を述べた文章の一節で、国家を円滑に維持するにはまず産業を振興して経済を発展させることが肝要で、強兵の方はそれからあとの話である、という文脈の中で語られる。

終戦直後の混乱期には人心が徹底的に荒廃し、都会のターミナルには「かっぱらい」で口を糊《のり》する少年少女がいたるところにいたと聞く。まことに胸の痛む話だが、だれだって好きでそんな犯罪行為に走ったわけではなかっただろう。もし衣食に不自由していなければ普通の人生をおくれたにちがいない子供が、そんな行為に走った背景には、食べるものもないのにきれい事などいってられるか、というすさんだ心情があったのだろう。だがそれから五十年以上の時間が流れ、日本は世界屈指の経済大国になった。食べるものも着るものも、巷《ちまた》にはいやというほどあふれている。だがしかし、それとともに人々が礼節をわきまえ、栄辱を知ったかというと、はなはだ疑問であるといわざるをえない。大勢の人が乗っている電車の中で床に座りこみ、大声でしゃべっているだけならまだしも、傍若無人《ぼうじゃくぶじん》に牛丼やハンバーガーを食べちらかす若者や、ところかまわず鏡を出して化粧に余念のない女性たちを見ていると、この国の経済発展と公徳心は、もしかしたら反比例してきたのかと情けなくなってしまう。あの管仲のことばは、ウソだったのだろうか。

# 鼎《かなえ》の軽重《けいちょう》を問《と》う

## ◇重さを尋ねるだけでなぜ〝脅し〟になったのか

世界中の古代文明が、石器時代から鉄器時代に移行する過渡期として、青銅器文明を経験した。日本でも各地の遺跡から銅鐸《どうたく》などが発見されているし、エジプトや中近東にも、青銅で作られた文物が多数知られている。しかし殷周《いんしゅう》時代の中国ほど素晴らしい青銅器を作り、活用した文明は他に例を見ない。それはいまから数千年以上も前の時代に作られたものとはとても思えないほどに見事な、古代芸術の造形の極致といってよいものなのである。

この青銅器で代表的なものが鼎《かなえ》である。鼎は魚や肉、また穀物を煮るために使った道具で、三本の足の上にナベ形の容器を載せた形をしている。それがやがて祖先を祭る時に使われる青銅器の中でも最も重要なものとなり、さらには王や貴族の家柄を象徴する権威的なものとしても存在した。

春秋時代のこと、新興の軍事大国「楚《そ》」が異民族討伐を名目として大軍を引き連れて移動し、周の国境まで進軍してきた。周はその時代の「王の中の王」であり、諸国を統括する地位にあったが、その周との国境で大規模な観兵式をおこなうことで、楚は周に武力を誇示し、デモンストレーションをしかけたのである。

周王が使者を出して楚王を慰問すると、楚王はさっそく周の王室に安置されている鼎の大きさと重さを尋ねた。楚王の意図としては、自分がまもなく周に代わって天下を治めることになるだろうから、その時に天子のシンボルとして周に安置されている鼎を自国に運ぶ準備として尋ねたのであり、いわば脅《おど》しをかけたのである。

しかし使者の返答は、鼎の大きさや重さは「徳に在《あ》り、鼎に在らず」という、木で鼻をくったようなものだった。鼎の重さは所有者の人徳によって決まり、鼎自身に備わるものではない。周は衰えたりとはいえ、依然として天子を擁する国である。だから周が社会を統治するようにと受けた天命が改まらない限りは、鼎の重さを他人が問うことは許されないと、周の使者が楚王の無礼を一蹴したわけである。

いわゆる「鼎の軽重を問う」の故事で、後代にはある人の実力を疑い、自分がその人物にとって代わろうとすることのたとえとされるが、その話から鼎が王権の象徴と認識されるほどに重要な道具であった事実が見てとれる。

# 金《かね》をつかむ者《もの》は人《ひと》を見《み》ず

## ◇強欲な男が盗んだのは〝貨幣〟ではなかった！

貨幣を意味する「銭」という漢字からうけるイメージはちょっと強烈なものがあって、「金儲け」と「銭儲け」のニュアンスを比べると、「金儲け」が比較的ふつうに使われることばであるのに対して、「銭儲け」にはむきだしの強烈な語感があり、甚だしい時にはダーティなイメージをあたえることすらある。そのイメージのちがいは、もしかしたら「金」と「銭」という漢字がもつ意味の差によるかもしれないと考えて、それぞれの漢字を使った熟語や故事成語を漢和辞典で引いてみた。

「銭」の用例では「非銭不行」（銭にあらざればおこなわれず）とか、「銭無足而走」（銭は足無くして走る）とか「有銭可使鬼」（銭有れば鬼をも使うべし）とか、かなり大胆に貨幣をむきだしに指す例があるのに対し、「金」の方では「金属」や「貴重なもの」を意味する用例がほとんどで、「金」字が「貨幣」を意味すると思える例には、ただ「攫金者不見人」（金をつかむ者は人を見ず）という成語があるだけだった。

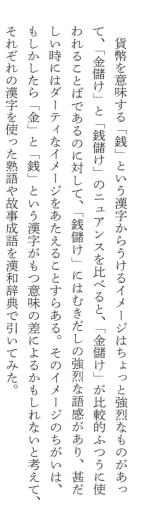

この語句は、辞書の説明によれば「欲のためには何事も顧みないたとえ」であり、出典として『列子』(説符)が挙げられている。

むかし斉の国にとても強欲な男がいたそうな。男はある朝りっぱな身なりをして市に行き、「金を鬻《ひさ》ぐ者の所に適《ゆ》きて、因りてその金を攫《つか》みて去」ったのだが、すぐに官憲に取り押さえられてしまった。官憲が公衆の面前で堂々と盗みをはたらいたわけを問いただしたところ、くだんの男は「金をつかむ時は人を見ず、ただ金のみを見る」と答えたという。人間としての品性も下劣だが、泥棒としても三流というべきだろう。

さて上の話に出てくる「金」は、はたして貨幣であろうか。男が強奪した「金」は市で売られていたのである。だからそれは貨幣でなく、なにかの貴金属か高価な金属製品とも考えられる。もしその「金」が貨幣でなければ、成語の中では貨幣を指す「金」という字はなくなってしまう。

つまり中国の日常の言語生活では、「銭」がはっきりと貨幣を意味したのに対し、「金」は貨幣を指すむきだしの熟語に使うのが避けられたと考えられる。

# 画《え》に描《か》いた餅《もち》（画餅《がべい》）

## ◇お正月の雑煮に入れる、あのモチではありません

子供のころ朝日新聞に「サザエさん」が連載されていて、それだけは登校前に熱心に読んだ。あれは国民的名作とよぶべき漫画だが、ただ中に私にはちょっと不思議に思えるシーンがいくつかあった。うちの一つが、カツオ君とワカメちゃんが火鉢で焼いている餅がいつも四角く描かれていることだった。関西では餅は丸いものと決まっており、東日本の餅は四角いと知ったのは、大学生になってからだった。

「画に描いた餅」という成語がある。魏《ぎ》の文帝が、吏部尚書《りぶしょうしょ》（人事局長官）の地位にあった盧毓《ろいく》に対して、優秀な人材を集めて皇帝の側近集団を作るようにと命じた。盧毓はさっそく人選に取りかかったのだが、その時に文帝は、いたずらに名声の高い者だけを集めてはならない、といましめた。『三国志』魏志・盧毓伝によれば、それは「名有る者を取るなかれ、地に画《えが》きて餅を作《な》すがごとし、啖《くら》うべからず」という忠告だったという。つまり高名な人物ばかりを集めることを皇帝は地面に餅の絵を描く

行為にたとえ、描かれた餅が食べられないように、名前だけのものは使い物にならない、と考えたのである。この話から、実用的でないこと、あるいは無駄・徒労を「画餅」ということばで表すようになった。ただし「画餅」を日本語で読むと「ガベイ」となり、耳で聞いただけではなんのことかよくわからない。それで同じことを「画に描いた餅」というようになった。

さてここで画に描かれる「餅」とは、いったいどのようなものだろうか？　それは正月に雑煮にいれる、あのおなじみのモチではない。中国にもモチ米を蒸して搗きかためた食品はあるが、それは「年糕《ニエンカオ》」といい、「餅」という漢字では表さない。中国でいう「餅」とは小麦粉に水を加えて種々の形を作り、熱を加えた食品の総称で、伝統的な料理分類では「蒸餅《チョンピン》」（肉まんがこれに入る）、「焼餅《シャオピン》」（ヤキモチではなく小麦粉を練って焼いたもの。北京ダックに出るクレープ「煎餅《チエインピン》」など）、「油餅《ユウピン》」（油であげたもの、朝食として食べられる揚げパン「油條《ヨウティヤオ》」など）、それに「湯餅《タンピン》」（うどん・ワンタンの類）にわけられる。

中国の「餅」にはものすごい数の種類がある。だからもし盧鯨が「餅」を画いたとしたら、きっと一つや二つは役に立つものがあっただろうと私は思う。

## 杞憂《きゆう》

### ◇取り越し苦労の主人公に、無名の小国が選ばれたワケ

むかし杞《き》という国に「もし大地がくずれたり、天が落ちてきたらどうしよう」と、毎日青い顔をして悩み、食べるものものどを通らず、やせ衰えた者がいた。そこである人が「地面は土が固まってできているので崩れないし、空は気が重なりあっているので、落ちてくることなどありえない」と説明してやると安心し、普段の生活に戻ったという。この故事から、心配してもしかたがないことに悩む、無用の取り越し苦労を、杞の国の人の心配ごとという意味で「杞憂《きゆう》」というようになった。

この有名な故事は戦国時代の思想書『列子』(天瑞篇《てんずいへん》)に見えるのだが、さてこの話の主人公はいったいなぜ杞の国の人なのだろう? 杞は中国でもまったく無名の小国であり、なにもそんな国を舞台にしなくても、その時代には晋《しん》や斉《せい》など、だれでも知っている有名な国がいっぱいあった。そんなだれでも知っている有名な国の人物の話にしたほうが、物語がもっと世間に流布《るふ》したのではなかろうか。

ところがそうは問屋がおろさず、話の主人公は特定の国の人でなければならなかったのである。

杞はいまの河南省開封《かいほう》の近くにあった国だが、もともと「夏《か》」という王朝の直系子孫を集めて作られた国だった。暴君紂《ちゅう》が治めていた殷を倒した周は、殷を滅ぼしたあと、殷王の子孫たちを皆殺しにはせず、宋《そう》というところに土地をあたえ、そこで祖先に対する祭りを継続させた。その時代には、祭ってくれる子孫をもたない神は現世にたたりをもたらすとの迷信があって、それで周は彼らに祭りの継続を許したのである。そしてその時に、殷の前の王朝であった夏の直系の子孫たちも土地をあたえられた。そこが杞だったのである。

夏や殷の王族の子孫は、ただ祖先の祭りを継続するためだけに生きのびさせられた。杞や宋に暮らすかつての王族の子孫たちは「負け犬」としての屈辱をしのび、勝利者である周からの嘲笑に耐えながら、ほそぼそと先祖への祭りを続けるだけであった。

切り株にぶつかって死んだウサギを偶然手に入れてから、仕事もせず切り株の番をしていた「待ちぼうけ」の話は「宋の人に田を耕す者あり」という文ではじまっている。笑い話の主人公は、笑われるべき土地の人物でなければならなかったのだ。

## 君子《くんし》は厨房《ちゅうぼう》を遠《とお》ざく

### ◇じつは、男子はとても古い時代から台所に入っていた

子供のころ明治生まれの祖母がいて、いろいろ「封建的」なしつけをされたから、私は高校生になるまで台所に入ったことがなかった。「男子は厨房《ちゅうぼう》に入らず」を祖母は信奉しており、兄や私がなにげなく台所に入ったりすると真剣な顔でとがめた。それが大多数の明治生まれの女の常識なのだった。

それにもかかわらず、私はいま台所でゴソゴソするのが大好きである。自分ではじめて作った料理はインスタントラーメンだったが、親元を離れて下宿してからいままで、台所は私にとってもっとも気が休まる場所の一つとなっている。

「男子は厨房に入らず」は、女性を家事労働にしばりつける差別的な表現と受け取られることが多いのだが、本来は「男尊女卑」的発想から生まれたことばではなかった。それは『孟子《もうし》』（梁恵王上）に見える「君子は厨房を遠ざく」がいつの間にか変わったいい方で、もともとは「高徳の人」が食事をゆっくりと楽しめるよう「配慮」した

表現なのだった。

牛や豚、鳥などの食肉が街の商店で販売されるようになるのは近年のことで、それまでは個人の邸宅の中で動物を解体して食肉を用意していた。その作業はほとんどの場合、厨房でおこなわれた。後漢時代の墓の内部には屋敷内の台所で忙しく働く人々の姿を生き生きと描いたレリーフがあるが、そこで働いているのはほとんどが男性である。だから男は非常に古い時代から厨房に入っていたのである。

しかし食肉に加工される時に、動物たちは断末魔の声をあげる。そのようなプロセスを経て作られた料理が、奥座敷にいる「君子」たちのところに持っていかれるのだが、「君子」は高徳の人物だから、もちろん動物を憐れむ心もお持ちである。だからもし「君子」が厨房で動物の姿を目にすれば、それが料理になった姿を見るのはしのびないだろうし、断末魔の鳴き声を聞けば、その肉を食べることなど絶対にできないだろう。だから「君子は厨房を遠ざけ」るべきだ、と孟子は語る。

なんという勝手な理屈だ！　そんな傲慢《ごうまん》な世界に安住する者を君子とよぶのも腹立たしい。封建的思想の残滓《ざんし》を打破するために、同志よ、もっと台所に入ろうではないか！

# 葷酒山門《くんしゅさんもん》に入《い》るを許《ゆる》さず

## ◇「葷」とは、どんな食べ物？

かつての電報はカタカナだけで書かれ、非常に読みにくく、また誤読の危険があった。「フタエ（二重）ニマゲテクビニカケルジュズ（数珠）」は、「二重に曲げて首にかける数珠」とも、「二重に曲げ手首にかける数珠」とも読めるし、「キョウハイシャヘイッタ」は「今日は医者へ行った」とも、「今日歯医者へ行った」とも読める。ただしこの紛らわしさは読点をつけることでたちどころに解消される。

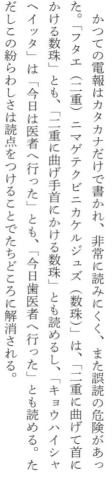

学校で習う漢文にははじめから句読点がついているが、中国の昔の文章は句読点などまったくついていないから、中国の古典を専攻する学生は、白文《はくぶん》に点を打っていくことから勉強がはじまる。ただし点をうつ場所一つで、文意が大きく変わることもよくある話だ。

禅寺の門の脇によく「不許葷酒入山門」と刻まれた石碑が建っている。「葷酒《くんしゅ》山《さん》門《もん》に入るを許さず」と読み、「葷」はにおいの強い野菜、正確にはニンニクやラッキョウ、ネギ、ニラなどで、それらの野菜と酒をその先の清浄な場所に持ちこむことを禁止する、という意味の掲示である。

しかしその七字に点をひとつ加え、「不許葷、酒入山門」とすればたちどころに意味が変わって、「葷を許さず、酒は山門に入れ」と読めてしまう。実際にこの句をそう理解して、寺院の中で酒盛りを楽しんでいる破戒僧《はかいそう》もたくさんいるようだ。

厳しい修行をする寺院で酒が制限されるのはわかるが、なぜ「葷」が禁止されるのだろうか。それはニラやニンニクを食べると若い修行僧が精力旺盛になり、いきおい煩悩がさかんにおこって、修業のさまたげになるからとの配慮なのだそうだ。

僧だけでなく昔は女性もニンニクを食べなかった。いろいろな女性論を展開する「雨夜の品定め」（『源氏物語』「箒木《ははきぎ》」）に、風邪を引いた女性が「熱き薬草」であるニンニクを食べる場面があるが、その女性は御簾《みす》ごしに話すばかりで光源氏に会おうとしない。

ニンニクは「大蒜」と書き、「ひる」と呼ばれていた。いまの「ニンニク」という呼び名は、屈辱に耐えて怒りの感情を起こさないことをいう仏教用語「忍辱《にんにく》」に由来する。ということは、「葷」もちゃんと山門に入っていたのであった。

# 檄《げき》をとばす

## ◇もともとは、文書を届けることだった!?

中国のホテルでテレビを見ていると、始皇帝《しこうてい》暗殺のシーンがでてきた。城を献上するという名目で始皇帝に近づいた刺客が、地図を書いた巻物の最後に仕込んだ匕首《あいくち》を握って始皇帝に飛びかかるが、すんでのところでかわされて暗殺は失敗する。『史記《しき》』に見える有名なシーンだが、始皇帝の時代に紙はまだないから、テロリストが持参した巻物は絹で作られていたにちがいない。

紙は中国が発明した偉大な産物である。しかし文字による記録がはじまった当初から紙があったわけではない。紙がなかったころには、竹や木の札に文字を書くのが普通だった。竹で作られた記録用の札を竹簡《ちっかん》といい、木のものを木簡《もっかん》という。手紙のことをいう「書簡」とは、本来は木や竹の札に記された文章のことだった。

いまでは中国の遺跡からそんな木簡や竹簡が大量に発見されており、もっとも多く見られる形では長さ二十三センチ前後（漢代の一尺にあたる）、幅一センチ前後の短冊状に加工されているが、しかし記録する内容によって、それと異なった長さや幅のものが使われることも珍しくはなかった。

スポーツの試合を声援する時や、あるいは選挙運動などの折りにいまでも時々使われる「檄《げき》をとばす」という表現に見える「檄」も、もともとは木簡の一種であった。

前漢の歴史を記した『漢書《かんじょ》』の高帝紀《こうていき》（漢の高祖の伝記）の一節に、「吾　羽檄《うげき》をもって天下の兵を徴《め》す」という文章がある。この「檄」は、緊急軍事文書として自軍の兵士を動員するために各地へ送付された文書であった。

その『漢書』の注によれば、檄には二尺（約四十六センチ）の長さの簡が使われたといい、またその先端には送り先へ大至急届ける必要があることを示すために鳥の羽根がつけられたという。それが文章に見える「羽檄」であるが、ただし実際の発掘例では、鳥の羽根をつけたものはまだ発見されていない。

実際に檄に書かれた文章としては、漢代の文学者司馬相如《しばしょうじょ》による「喩巴蜀檄《はしょくにさとすげき》」が『文選《もんぜん》』という文集に残っている。「檄をとばす」とは、緊急の事態に際して危急を訴え、警戒をよびかける文書を各地に迅速に届けることだったのである。

## 後生《こうせい》おそるべし

◇「こうせい」を、あなどってはいけない

いまの中国語で使う「先生」は教師という意味ではなく、男性の名前につける敬称、すなわち英語のMisterにあたることばであり、たとえば田中さんに対して中国語では「田中先生」とよびかけるのが一般的である。

万里《ばんり》の長城《ちょうじょう》や西安の兵馬俑《へいばよう》博物館など大勢の観光客が押しかけるスポットには、見るからに粗悪な物品を手にした物売りが待ちかまえていて、日本人観光客がバスから降りると駆け寄ってきて「センセイ、これ安いよ!」とつきまとう。教職についている私は「センセイ」と呼ばれることに慣れているが、教師や医者・弁護士、などでない限り「センセイ」呼ばわりされないから、この呼び方に多くの観光客はとまどい、やがて、要するにキャバレーの呼びこみが「社長! いい子いますよ!」と声をかけるのと同じだろう、と勝手に納得する。

「先生」は文字通り「先に生まれた」人、すなわち「先輩」という意味だから、当然あとから生まれた「後生《こうせい》」もある。そしてこの「後生」が、前を歩く先輩を追いこしてゆく能力を備えた、あなどれない存在であることも珍しくない。『論語』（子罕《しかん》）に「子曰く、後生畏《おそ》るべし。いずくんぞ来者の今にしかざるを知らんや」（後輩をあなどってはいけない、これから先の方がいまよりも優れていることだって十分考えられるではないか）ということばがある。まことに名言で、私も若い時には先輩の仕事を乗りこえようと努力したし、人生の半ばをすぎたいまは、めざましい成果をあげている若い人の業績に舌をまくことがよくある。

ある時大学の研究室に郵便物が届いた。開けると雑誌に書いた雑文の校正刷が入っていて、期日が迫っているので大至急返送せよとある。もともと締切直前に依頼された原稿であった。それを急がせるとは……とむくれながら、さっそく校正にとりかかると、こちらもよほどあわてて書いたのだろう、変換ミスによる「ワープロ誤植」が多く、それを相手の編集者が直してくれているのだが、「遺体字を適切に生理する」（異体字を適切に整理する）という一文はそのまま放置されていた。書いた私の粗忽《そこつ》もさることながら、それを見逃した相手もどうかしている。まことに「校正おそるべし」であった。

## 弘法《こうぼう》も筆《ふで》のあやまり

### ◇驚きの手法で誤字を修正していた！

弘法大師空海（七七四―八三五）といえば真言宗を開いた高僧だが、宗教的偉業のほか、嵯峨天皇、橘 逸勢《たちばなのはやなり》とともに「三筆」と称せられる書の達人でもある。彼の書は王羲之と顔真卿の影響を強く受け、楷書や行書のみならず、篆書と隷書、さらに飛白（かすれのある書体）までよくし、唐にいた時からすでに能書家としての名声を博していた。彼が書いた真跡は数点残っており、うち「風信帖」などが国宝に指定されている。

そんな空海について、「弘法も筆のあやまり」ということわざが作られているが、これは『今昔物語』（巻十一第九話　弘法大師渡唐伝真言教帰来語）に見える、次の話に基づいている。

勅に「早く皇城の南面の諸門の額を書くべし」と。然れば、外門の額を書き畢《おわ》りぬ。應天門《おうてんもん》の額、打ち付けて後に是を見るに、初の字の点既に落失たり。驚て筆を抛《な》げて

点を付く。諸の人、是を見て、手を打ちて是を感ず。（読みやすいようにテキストに若干の整理を加えた）

ある時空海は宮殿の南側に位置する應天門の上に掲げる額を書けとの勅命をうけた。この命をあたえたのは空海とともに三筆に数えられる嵯峨天皇だから、さすがの空海もいささか緊張する仕事だったのだろう。やがて彼は命に応えて「應天門」という三文字を書いたのだが、「初の字」つまり最初にある「應」（＝応）の一番上にある点をうっかり書き忘れた。つまり《广》（まだれ）が《厂》（がんだれ）になっていたのだが、空海は額が門上に掲げられてからはじめて誤りに気づいた。凡人ならあわてふためいて額を下ろしてもらうところだが、しかし空海は、門上にかけられたままの額に向かって下から筆を投げて点を加え、誤字を修正したという。

「弘法も筆のあやまり」ということわざは、どんな名人でもたまには失敗するという、凡人にはまことにうれしい意味で使われるが、達人空海は誤字を書いてしまったあともあわてず騒がず、曲芸まがいの技量で誤字を修正した、というわけだ。

なお應天門はいま桓武天皇を祭る平安神宮の正門として復元されているが、そこにはちゃんと「應天門」と書かれている。

# 駟《し》も舌《した》に及《およ》ばず

## ◇言語も飲食も、できるだけ慎重であれ

雑誌はあいかわらずグルメブームである。和・洋・中・焼き肉・ラーメンなどいろんな店がさまざまな趣向でとりあげられ、いっこうに衰えを見せないどころか、どんどんと新機軸が案出されつつある。

食べ歩きは楽しいことである。名所旧跡を見てまわることに興味を示さない人は時々いるが、おいしいものを食べに行くのをいやがる人はめったにいない。人間の口と舌には言語・音声を出すことと飲食という二つの重要な働きがあるが、いまの日本ほど、その機能をフルに発揮させることを楽しんでいる時代は他にないだろう。

だが言語にかかわる機能としての舌を使うことは、ほどほどにしておかなければならない。『論語』（顔淵篇《がんえん》）に、「駟《し》も舌に及ばず」という文がある。「駟」とは四頭立ての馬車で、古代ではもっとも速く走る乗り物だった。だがいったん口から出た言葉は、その「駟」でも追いつけないほど速く世に広まる。だから言葉を口にするのはで

きるだけ慎重でなければならない、と『論語』のこの文は教えてくれる。言ってはならないことを軽率に口走り、あとでそれを悔やんだ経験を持つのはきっと私だけではないはずだ。

もう一つ、食べる方の「舌」の使い方も慎重でなければならないのは、食べすぎや食中毒、あるいは肥満など、どなたも身に覚えがあることだろう。だが「舌を食べる」機会に恵まれたら、食い意地の張っている私は、そんなに慎重にはなっていられない。

「舌」を食べるといっても、牛タンのことではない。牛タンも美味だが、アヒルの舌の方がもっとおいしいと私は思う。アヒルの舌、中国語でいう「鴨舌《ヤーショー》」は、料理の材料として使われる鳥類の舌ではもっとも美味とされており、北京ダックを食べる時のフルコース（「全鴨席」）では前菜に登場し、非常に淡泊な味を楽しませてくれる。ちなみにアヒルでおいしいのは舌と皮（パリパリに焼いた皮が北京ダックである）、それに心臓とタマゴ（ピータンになる）で、肉はほとんど珍重されない。アヒルとは、たくさんの美人秘書に囲まれているおかげでいろんな会合に呼ばれる重役のような存在だといえよう。

# 守株《しゅしゅ》

## ◇切り株にぶつかったウサギはその後どうなった？

子供が「待ちぼうけ」の歌を知らなかったのにはちょっとショックをうけた。話は知っているけれども、音楽の時間にそんな歌を習ったことがないという。北原白秋《きたはらはくしゅう》作詞、山田耕筰《やまだこうさく》作曲の「待ちぼうけ」は、昔の子供ならみな知っていた歌だが、最近の学校ではもっとモダンな曲ばかり教え、伝統的な童謡を取りあげないようだ。

待ちぼうけ　待ちぼうけ　ある日せっせと　野良かせぎ
そこへ兎が　とんで出て　ころり転げた　木の根っこ

このおなじみの歌詞は、『韓非子《かんぴし》』(五蠹《ごと》)に見える次の話に基づく。

宋人《そうひと》に田を耕す者あり。田中に株ありて、兎走りて株に触れ、頸《くび》を折りて死す。因《よ》りてその耒《すき》を釈《す》てて株を守り、また兎を得んことを冀《ねが》う。兎はまた得べからず、而して身は宋国の笑いと為れり。

短い話だから全文を引用したが、宋国（そこの人が嘲笑の対象となったことは「杞憂」に書いた通りである）の農夫が、「ある日せっせと野良かせぎ」をしていると、一匹のウサギが跳びだしてきて、勝手に切り株にぶつかって、「ころり転げ」て死んでしまった。まるでタナボタのようにウサギを手に入れた農夫は、翌日から畑仕事をほっぽり出して切り株の番をしていて、笑い者となった、というのだが、さて農夫はそのウサギをどうしたのだろうか？　もちろん食べてしまったにちがいない。

ウサギは世界中いろんな地域で料理に使われ、食肉用に養殖までされている。私自身もイタリアでウサギ肉のソテーを食べた経験があるが、なかなかいけると思ったものだった。ウサギ肉はさっぱりとした味で、焼く以外にも煮たり炒めたり、さまざまな料理方法に適しているようだ。また高タンパク低カロリーでアレルギーを起こす物質が少ないことから、ヘルシーな食肉としても注目されている。

待ちぼうけの農夫もウサギを食べたことは確実だが、さていったいどうして食べたのだろう、煮て食べたのか、それとも焼いたのか、というような話を北京に暮らす食通の友人としていると、ウサギは耳の軟骨の部分がいちばんおいしいと教えてくれた。さすがは中国だな、といたく感じ入った話だった。

## 出藍《しゅつらん》の誉《ほま》れ

### ◇いまどきの学生は「藍よりも青く」なりたがらない!?

一九六〇年代から七〇年代、私たちが学生だったころには、塾に通ったこともなければ、家庭教師とやらの世話になったことも一度もないという学生がごろごろいた。私自身もそうだし、友人のほとんどが、通っていた学校の授業だけで入試に挑み、それなりにハードな関門をクリアしてきた。それが昨今では、学校の勉強だけで「難関校」に入ってくる学生がほとんどいなくなった。まさかそんなはずはなかろうと半信半疑だった私は、かつて実際に五十人前後のクラスで、これまで塾とも家庭教師とも無縁だった者に手を挙げさせたことがある。だがその時に手を挙げたのはわずか三〜四人だった。さらに驚くべきことに、彼ら少数派はどことなく恥ずかしげな様子で手を挙げ、まるでわが家は経済的に厳しかったので塾に通わせてもらえなかった、とでもいわんばかりの顔をしていた。

巨大化した受験産業では、自分のところから何人を「有名大学」へ送りこんだかが最大の実績とされるから、そこでは見事なまでにシステマティックな指導で学生を勉強させる。そのこと自体は別に非難されることでもないだろうが、そういう環境で勉強してきた学生は、大学に入ったあと誰からも指示されないものだから、なにをどう勉強したらいいかわからず、途方にくれてしまう。ある時中国語の授業のあとで一人の学生がやってきて、「家ではどんな問題集を使って勉強したらいいですか」と質問した。瞬間的に目が点になってしまって、答えられなかった。

教育と研究の世界では、勉学に励み研鑽を積んだ学生が、自分を指導してくれた人物を乗りこえて、さらに大きな成果をあげることがたえず要求される。そうでなければ学問の進歩などありえない『荀子《じゅんし》』（勧学）にある「学はもって已《や》むべからず。青は藍より出でて、藍よりも青く、氷は水これを為して、水よりも寒し」は、まことに名言である。実際に師を乗りこえることはなかなか難しいことではあるものの、それでも学生たる者その気概だけはいつも持ち続けているべきだ。

いまの日本には、試験でいい点数を取る技術に長《た》けている学生は掃いて捨てるほどいるが、すきあらば教師の首ねっこにかぶりついて、教師を踏み越えていってやろうという気構えを持っている者がきわめて少ない。困った時代になったものだ。

# 食指《しょくし》が動《うご》く

## ◇人差し指を「食指」と呼ぶのはなぜか

「食指」とは「人指し指」で、ついでに他の指の名称を列挙すれば、「おやゆび」は「大拇指」、「なかゆび」と「こゆび」は「中指」と「小指」とそのままだが、「くすりゆび」はなぜか「無名指」、つまり名前のない指という。人差し指をなぜ「食指」というのか、調べてみたがよくわからない。砂糖や水飴を入れた壺につっこむ指だから「食指」かなとも思ったが、きっとそんな理由ではないだろう。

むかしグルメの天分をもっていた男がいて、なにか美味しいものにありつける予感がした時に、人指し指が勝手にピクピクと動いたという。話は春秋戦国時代のさまざまなエピソードを記した『春秋左氏伝《しゅんじゅうさしでん》』に見える。

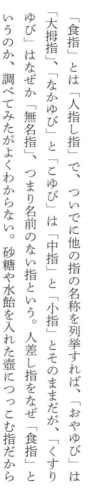

宣公《せんこう》四（紀元前六〇五）年のこと、鄭《てい》の霊公《れいこう》という殿様に大きなスッポンが献上された。スッポンは当時からすでに美味な高級食材として珍重されていた。

ある日、鄭の若君の一人が宮殿に向かうために家を出ようとすると、人指し指がピクピクと動いた。そこで若君は「私の指がこうなると、いつもきっと珍味が味わえるのだ。今日はきっと美味しい料理にありつけるにちがいない」といっしょに参内《さんだい》する兄弟に語り、そのまま御殿に行くと、案の定スッポンが料理されていた。

さぁ食事という段になって、若君が兄弟と顔を見あわせて笑っているのを不思議に思った霊公がわけをたずねたところ、若君は実はかくかくしかじかで、と食指の話を申しあげた。すると殿様は、若君のそんな素質を不愉快に思ったのか、あるいはちょっと意地悪をしてやろうと思ったのか、他の者にはスッポンを賞味させておきながら、彼にだけはスッポンを口にさせなかった。

目の前にご馳走があるのに自分だけはあたえられないことに腹をたてた若君は、スッポンを煮たナベに指をつっこみ、ペロッとなめると、さっさと退出してしまった。

その無礼きわまる態度に、殿様は若君を処罰すると息巻いたが、若君の方も黙っておれず、スッポン料理に同席していた兄弟を説得して味方に引き入れ、ついにはその年の夏に霊公を殺してしまった。食べ物の恨みは、実にぞっとするほどおそろしいものだ。

# 人口《じんこう》に膾炙《かいしゃ》する

## ◇孔子が徹底した「膾」へのこだわり

現代でのもっともポピュラーな肉料理がバーベキューやビーフステーキであるように、古代中国で最初におこなわれたのも肉を直火で焼いて食べる方法で、中国ではそれを「炙《しゃ》」という漢字で表した。「炙」は《月》（ニクヅキ）と《火》から成り、まさに火の上に肉をかざした、そのものずばりの字形である。

焼き肉を意味する「炙」を使った成語で、日本でもよく知られたものに「人口に膾《かい》炙《しゃ》する」という表現がある。これは『孟子《もうし》』（尽心《じんしん》下）に見える表現だが、「膾」とは動物の肉を生で食べる料理だから、「膾炙」で肉の刺身と焼き肉という意味になる。「膾」や「炙」は美味な料理の代表で、いつまでも人々が賞味するものだから、それである人物の素晴らしい行動やすぐれた詩文などが多くの人から讃えられ、世間に広く知れわたることを「人口に膾炙する」というようになった。

肉は火で焼く他に、また生で食べることもあった。『礼記《らいき》』の「内則《だいそく》」に、「肉の腥《なま》にして細き者を膾《かい》と為す」とある。膾の肉は細く糸切りするのが普通だった。社会におけるマナーの徹底を主張した孔子は、食事に関してもかなりうるさかったようで、形式がきちんと整った料理しか口にしなかったという話が『論語』(郷党篇《きょうとうへん》)にあるが、その中に「膾は細きを厭《いと》わず」という文がある。膾はできるだけ細く切ったものがよいとされていた。

いまの中国では動物や魚の肉を生食することがほとんどないが、韓国にはスジ切りにした生の牛肉を油と香辛料で調味し、上に生卵をそえた料理がある。朝鮮料理のメニューに「ユッケ」という名前で登場するおなじみの料理がそれだが、その「ユッケ」は漢字で書くと「肉膾」となる。

この「膾」を使った成語で、日本でもよく使われるものにもう一つ、「羹《あつもの》に懲りて膾《なます》を吹く」がある。「羹」は肉や野菜を煮こんだスープのことで、熱いスープで口にやけどをした人が、それに懲りて膾のように冷たい料理をわざわざ吹いてさまそうとする、つまり一度の失敗に懲りて、それ以後はばかばかしいまでに無用の注意をすることをいう。これは食物に関しての格言であるが、異性関係においては、なかなか「羹」に懲りず、何度もやけどする人が多いようだ。

## 象牙《ぞうげ》の箸《はし》

### ◇たった一膳の箸が、諸悪の根源だった!?

一九七六年にワシントン条約でアフリカ象が保護対象に指定されるまで、象牙《ぞうげ》を加工した工芸品は世界各地の権力者や富裕な者たちをずっと魅了し続けてきた。それは東アジアでもっとも早く文明が開けた中国でも例外ではなかった。

伝説によれば、殷王朝最後の王となった紂《ちゅう》は、史上まれな暴君であったという。『韓非子』（喩老《ゆろう》）に見える話だが、その紂がある時、象牙で箸を作らせた。紂の一族に箕子《きし》という人物がいた。暴君に仕えたにもかかわらず賢者としてのほまれが高く、紂のあまりの無軌道ぶりをなんども諫《いさ》めたのだが聞き入れられず、それどころか生命の危険すら感じたので、ついには世間から姿を隠さざるを得なかったのだが、紂が象牙の箸を作らせたのを見た時、箕子は心からふるえあがったという。

象牙の箸で食事をするようになれば、それまで使っていた粗末な土器の茶碗ではものたりなくなり、きっと玉で食器を作らせることだろう。そして象牙の箸と玉の食器を使っての食事なら、中にいれる食品もマメのスープなどの質素なものではなくて、贅沢《ぜいたく》で珍奇な食品になるだろうし、そうなれば今度はそれを食べる時の服装にもきっと凝りだすにちがいない。また食事をする場所も、ワラブキの家ではなくて豪華な宮殿で、ということになるだろう。箕子はそう考えて、象牙の箸は単にちょっと贅沢な食事用具というだけにとどまらず、最終的には莫大な浪費と国家の破滅につながる、諸悪の根源であると考えたわけである。

もうずいぶん昔の話だが、ある年の年末、たまたま勤め先の私立大学で有名ブランドのバーゲンがあり、ボーナスの直後でもあったので、思い切ってコートを新調した。私は服装にはいたって無頓着なのだが、それでもそれまで着ていたコートがかなりくたびれていたので、この際新調しようと考えたのだった。だがこうしてコートが新しいものに変わると、靴がみすぼらしく感じられた。それで靴を買いに行った。靴とコートがおニューになると、今度はネクタイが気になる。もちろん、次はスーツだ……さすがに家にまで手を加えることはなく、殷の紂王にくらべるとなんとも規模の小さい話ではあったが、それでもそれは私なりに「象牙の箸」を地でいく話となったのだった。

## 宋襄《そうじょう》の仁《じん》

### ◇情けや親切心は、ほどほどに

アメリカ初代大統領のワシントンが、父親が大切にしていたサクラの木を折ってしまったことを正直に詫びたところ、その誠実さを父親は評価し、木を折ったことをとがめなかったという。世間によく知られた美談だが、しかし現実はそんなに甘くない。「ごめんなさい」と謝っても、子供は思いきり叱られるのがオチである。

小学校に「道徳」という教科があり、「ずるいことをしてはいけない」とか、「思いやりの心を忘れずに」とか、いわれなくてもわかっていることをたくさん教わった。クラブ活動でも、顧問の先生は「常にフェアーな精神を心がけよ」と声高に唱えていた。さらに「勝敗よりも交流が大切だ」とも、「オリンピックは参加することに意義がある」ともいわれた。しかし帰宅してテレビで見るスポーツ番組では、野球でもサッカーでも、審判が気づかなければ少々の反則などたいしたことではないという雰囲気が蔓延していた。

紀元前六三八年のこと、覇者を目指す野望に燃えた宋の襄公《じょうこう》が、鄭《てい》という国に攻めこんだ。鄭はそれほど大きな国ではなく、自国の力だけでは防ぎきれないので、同盟国であった楚《そ》に救援をもとめた。楚は長江流域に広大な領土を占める強大な軍事国家であり、要請をうけた楚は即座に援軍を派遣した。

宋軍と楚軍は、ある川をはさんで対峙《たいじ》した。圧倒的な兵力を誇る楚が、先に川を渡りはじめた。それを見た宋の参謀が、全軍が川を渡りきる前がチャンスです、と進言したが、襄公はそれは卑怯《ひきょう》だとして提案を却下した。やがて楚軍が渡河を終え、陣形を整えはじめると、参謀はいまこそチャンスだと再び攻撃を促すが、しかし襄公はまだフェアーではないと考えて攻撃にかからない。そうこうするうち陣形を整えた楚軍が一気に攻め寄せると、宋はあっけなく敗北し、襄公もその時の傷がもとで翌年には世を去った。

無用の情けや過剰な親切心を発揮し、それがもとで逆に自分が被害をこうむることを、「宋の襄公の思いやり」という意味で「宋襄《そうじょう》の仁《じん》」とよぶ。学校の道徳でも、現実社会にはめったにない「美談」や「美徳」を教えるより、「宋襄の仁」の故事を教える方がよほど人生の役に立つと思うのだが、いかがなものであろうか。

# 男女七歳不同席《だんじょしちさいにしてせきをおなじゅうせず》

## ◇この「席」を〝座席〟と思っていませんか?

拙宅の子供は中学校から私立の女子校と男子校に進んだので、多感な時期に異性と机を並べて勉強した経験をもっていない。ずっと男女共学の学校にいた私はそれを不幸なことと考えるが、しかし子供たちは同性だけの方が気を使わずにすみ、あらゆる点で気軽だと主張する。さらには女子大学を卒業した家人もそれに同意する。

戦前まで日本の学校は男女別学であった。小学校は男女が同じ学校の敷地にいたが、しかし3年生以上はクラスが男女別だった。おそらく明治時代のどこかのガチガチ石頭が、男女が同じ空間に存在すれば「風紀が紊乱《びんらん》する」とでも考えた結果の教育政策だったのだろう。そしてそのよりどころとされたのが、「男女七歳にして席を同じうせず」という文章だった。

だがそれは実は誤読に基づく認識である。「男女七歳うんぬん」が儒学の経典に書かれているのはまちがいないのだが、しかしそれを載せる『礼記《らいき》』の「内則《だいそく》」は、

「家庭内のしつけ」を述べる部分である。

　問題の文章は「六歳になったら子供に数と方角の名前（つまり東西南北である）を教えよ」とあるのをうけて登場し、七歳になったら「席を同じうせず」、そして十歳になったら「学校にいかせなさい」と続く。つまりそれは六歳から十歳までの成長に応じての育て方の一部であり、男女が学校では別々のところで勉強するべきだ、などという記述ではまったくない。そもそもこの文章では、七歳の子供はまだ小学校に入っていないのである。

　誤読の原因は「席」という字の解釈にある。日本ではそれを「座席」と解釈したのだが、しかし「席」は本来「敷物・ゴザ」をいう字であって、ここでは「ふとん」という意味で使われている。つまり「男女七歳にして席を同じうせず」は、男の子と女の子は七歳になったら同じふとんに寝かせてはいけない、という意味だった。「七歳」は数え年だから、現代式に考えれば満六歳前後である。子供は一つのふとんに寝させるには大きくなりすぎているし、そろそろ性に関しても初歩的な知識と関心が芽生えだすころである。おませな子供なら、いたずらをするかもしれない。だからそろそろ別々にふとんを用意してやりなさい、という教えだったのである。

## 桃源郷《とうげんきょう》

### ◇桃はもともと、神聖な木だったのに…

むかし、ある漁師が漁場を探して川をさかのぼっていると、いつの間にかうっそうと茂った桃の林までやってきた。咲きみだれる桃の美しさに漁師は仕事もわすれてどんどん進んでいくと、やがて谷間はぽっかりと開け、そこに小さな村があった。

見れば村人の服装はずいぶん奇妙で、家や道具も風変わりなものばかりである。不思議に思った漁師が尋ねてみると、そこはなんと、はるか昔に秦の始皇帝の暴政から逃れて山奥に隠れ住んだ人々の子孫が暮らす村だった。村に暮らす人たちは、いまの世がどうなっているかなどについて、まったく知らなかった。そこでは実に静かで平和な生活が営まれていた。漁師はやがて家に帰ったがしかし村のことが忘れられず、もう一度訪ねてみようとした。だが同じ道をたどっていっても、村は二度と見つからなかったという。

ご存じの「桃源郷《とうげんきょう》」の話であり、著者は隠逸詩人として知られる陶淵明《とうえんめい》だというのだが、それはどうも後世の仮託らしい。

人里離れた山奥にある理想郷に至る道は、桃がうっそうと茂る林からはじまっているが、それが松や梅の林ではなく、桃林の奥にあったのはおそらく偶然でなく、桃という植物がもっていた神聖さが作用しているにちがいない。中国では桃は邪悪な悪霊を追いはらうことができる神秘的な植物だと信じられてきた。桃は樹木も果実もいろんなまじないに使われ、『荊楚歳時記《けいそさいじき》』という書物によれば、正月一日には桃の木から作った縦長の薄板に神像を描いて門に掛けて悪魔除けとした。これを「桃符《とうふ》」といい、いまの中国で正月に門の両側に吉祥句を書いた「春聯《チュンリイエン》」という紙を貼るのはその名残りである。

神聖な木だった桃は、しかし社会の宗教性が薄くなってゆくにつれて、ごくごくありふれた植物になってしまった。現在の中国には、桃の木や実を使う特別なまじないはない。それどころか、たとえばスキャンダルのことを中国語で「桃色新聞」というように、いまではその色と形から卑猥《ひわい》な連想を抱かせるようにまでなってしまった。桃を栽培する農家が形をわざとヒップに似せているわけではないから、こんな連想は桃にも、それを栽培する農家にも、きっと大変な迷惑にちがいない。

# 蟷螂《とうろう》の斧《おの》

## ◇カマキリの威嚇も男のメンツも、実にちっぽけだ

知人に小野という人物がいて、数年前に自宅をリフォームし、立派な庭を作った。一度遊びに来いと招待されたので何人かと連れだって訪問してみると、なるほど本人が自慢するのも当然と思うほどの立派な庭ができている。

相当カネをかけたなと思われる庭で、見事な枝振りの松などが植わっており、さらには小さな土盛りに大きな石灯籠が立っている。どうやらこれが自慢らしいなと感じたので、ちょっと自尊心をくすぐってみるとたちどころに相好をくずし、「なにせ俺は『トウロウのオノ』とよばれているからねぇ」との駄洒落が返ってきた。

不覚にも吹きだしてしまったので、小野さんはすっかり気をよくし、さらに「蟷螂《とうろう》の斧《おの》」という成語を知らないやつが増えてきたのでシャレが最近はあまり通じないのに腐っていたが、お前は中国のことをやっているだけにすぐに通じ、まことに嬉しい限りである、おぉそうそう、ちょっといい酒があるからさぁ飲もうぜ、という段取り

になり、そのあとは私にもまことに嬉しい時間であった。故事成語を知っているといい目にあえるということの、なによりもわかりやすい証拠である。

蟷螂とはカマキリのことで、カマキリが獲物をねらう時には前の両足を大きく頭上にかざすが、その姿はまるで斧を振りあげて敵に立ち向かうようである。しかし虫の世界ならいざしらず、カマキリはしょせんカマキリで、犬や猫くらいの動物に対しては斧を振りあげても威嚇効果はなく、前足の一払いであわれカマキリはふっとんでしまうだろう。

「蟷螂の斧」とは、そんなに強くない者が自分の力量をわきまえず、いたずらに威勢だけ張って強敵に立ち向かうことをいう。その心意気は大いに評価できるのだが、しかし実際にはまず勝ち目がない。

我が知人の小野さんには灯籠以外にもう一つ自慢があって、それは若いころには非常にモテたという話である。実際に見たわけでないから事実かどうかは疑問なのだが、ご本人の弁によれば、熟年にさしかかったいまでもパーティなどでは大勢の若い女性に取り囲まれることが頻繁にある、と豪語する。男としてのつまらないメンツにおいても、やはり彼は「トウロウのオノ」なのであった。

## 十日《とおか》の菊《きく》

### ◇菊の節句を〝重陽〟と呼ぶワケ

二月十四日がすぎるとチョコレートが大安売りになり、クリスマスがすむとケーキが投げ売りになる。いずれも時期がすぎて役に立たなくなったからだが、チョコレートやケーキが出現する前には、それを「六日のあやめ、十日の菊」といった。五月五日がすぎれば誰もあやめを愛でようとはせず、九月九日がすぎれば、菊を観賞する人などほとんどいなくなるからである。

日本では一月一日をはじめ、三月三日・五月五日・七月七日というように、奇数月で「ゾロ目」になる日は節句である。これはもちろん中国から渡来した習慣で、七月七日に続いて九月九日も「重陽《ちょうよう》」という節句だった。その日には何人かで小高い丘などに登り、菊の花びらを浮かべた酒を飲みながら、しばらく会っていない友人を偲ぶ日だった。日本でも昔はこの習慣をおこなっていたのだが、最近では行事どころか「重陽」ということばすら忘れられようとしている。

ところで九月九日を「重陽」とよぶのは、中国の伝統的な占いである易《えき》で、「陽」を象徴する数字である九がふたつ「重」なる日だからである。易では人間をとりまく事物をすべて「陽」と「陰」の組みあわせで解釈する。そして易ではこの「陽」を九で象徴することから、「重陽」という言い方ができた。ちなみに「陰」を象徴する数は六だが、だからといって六月六日を「重陰」ということはない。

ともあれ、たとえば天と地、日と月、山と海、明と暗、剛と柔というように、同じカテゴリーの中で対立しあうもののうち、強くて活気のある方が陽、弱い方が陰になる。日と月ではもちろん日が「陽」、月が「陰」になる。それで「太陽」という言い方ができた。また月の運行を基準とした暦を「太陰暦」とよぶのも、それと同じ理屈である。

これは地名のつけ方と関係があって、日がよく当たるところを「陽」、あまり当たらないところを「陰」とする。山の南側は太陽がよく当たるから「山陽」であり、それに対して山の北側は「山陰」になる。それが日本に入ってきたのが、中国地方の山陽・山陰という呼称である。しかし川ではそれが逆になり、北の方がよく日が当たる。それで洛水という川の北側にある街を「洛陽」とよぶようになった。

# 朋《とも》有《あ》り遠方《えんぽう》より来《きた》る

## ◇すてきな「朋」は仲良くなくても〝宝物〟だった!?

多くの知人友人から届く意匠をこらした年賀状を正月に読めるのは至福といっていいほど嬉しいことで、これがないとたまらなく寂しい正月になるだろう。

仕事上のつきあいの人がくれる賀状は虚礼でしかないが、学生時代の友人で、卒業以来長く会っていない友人がくれる年賀状は格別に嬉しく、数日間なんども眺めなおすものだ。その友人がもし異性であれば、なおのこと嬉しい。

ところで「朋有り遠方より来る、また楽しからずや」は、いうまでもなく『論語』（学而）冒頭の一句だが、ここでは「友」でなく「朋」が使われている。これについて『論語』のある注釈は、「師を同じくするを『朋』といい、志を同じくするを『友』という」と説明する。現代社会に置き直せば、さしずめ「朋」は学校の同級生、「友」は会社や組織などでの同僚、ということになるだろうか。

「朋」という字は二つの《月》が並んでいる形に見えるが、この《月》はもともと

《貝》が変形したものである。「朋」は財産の象徴であった貝や玉などをいくつも紐でつないだ、つまり真珠のネックレスのような形のものを表しており、本来は多くの財宝を意味する文字だった。古代の青銅器に記録される銘文の中には、これを天秤棒《てんびんぼう》の両端にかけて担いでいる図柄がある。おそらく国家財産の管理者などの紋章として使われたものだろう。

そんな財産を表す文字が、友だちという意味で使われるようになったのは、「朋」が「鳳」と同じ発音であったからだという（どちらも音読みではホウと読む）。鳳は地上に理想的な平和が実現されたときに神が地上に遣わす想像上の鳥である。ところが「鳳」は画数の多い漢字なので、古い時代にはあて字として、「鳳」と同じ発音の「朋」でその鳥のことを表すことがあった。

鳳は鳥の中の王様であり、王様であるかぎり、大勢の家来がつきしたがう。朋（＝鳳）が飛びたつと、一万羽以上もの鳥があとにつきしたがう。それで「朋」の字に「朋党＝仲間」という意味ができた、というわけだ。

年賀状の季節には多くの朋党たちとバーチャルに巡りあえる。すてきな「朋」を、宝物としていつまでも大切にしたいものだ。

## 名《な》を竹帛《ちくはく》に垂《た》る

### ◇豪快！ 孔子の弟子が、教えを記していたものは…

かつて卒業式でよく歌われた「仰げば尊し」に、「身を立て名を挙げ」という一節がある。これは儒学の経典『孝経《こうきょう》』に「身を立て道を行い、名を後世に揚《あ》げ、もって父母を顕《あきら》かにするは孝の終りなり」とあるのに基づいている。

儒学では親孝行の最終目標を、歴史に名を残す偉人になって、両親の存在を世間に顕彰することとする。「あのすぐれた方の両親だから、きっと素晴らしい人にちがいない」と世間に思わせろというわけだ。その考えには賛否両論あるだろうが、賛成にせよ反対にせよ、その前にまず自分が偉人になることが前提とされている。

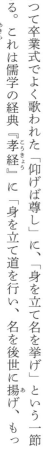

後世に名を残すことを昔の中国では「名を竹帛《ちくはく》に垂《た》る」と表現した。「竹帛」は竹と絹で、竹は「檄《げき》を飛ばす」の項で書いた竹簡のこと、帛すなわち絹も、紙が登場する前には文字を書く素材として使われた。

中国での絹織物の歴史は非常に古く、新石器時代の遺跡からすでに絹糸が出ているし、甲骨文字の中にも「繭」や「桑」「蚕」という字があるから、殷代にはすでに養蚕がおこなわれていたようだ。しかし絹はあくまで衣服の材料として利用されたもので、古い時代に絹を文字を書くために使った形跡はない。文献から考えても、絹の布地に文字を書いたという話が現れるのは、春秋戦国時代以降のことである。

『論語』（衛霊公篇《えいれいこう》）の中に、弟子の子張《しちょう》が孔子に、自分の信念を世間に流布させるにはどうしたらよいかと尋ねた話がある。その時に孔子は言葉や行いに誠実であれと答えるが、子張はその返答に感激し、それを「紳《しん》に書した」という。「紳」は腰に巻いた幅広の帯のことで、それに書いたというのは、孔子の返答を肝に銘じて大切にしようとしたからだが、帯に書きつけたというからには、当時すでに布地に文字を書く習慣があったにちがいない。

新しく買ったシルクのネクタイを自慢する友人を相手に、そんな話を飲み屋でしていたら、孔子の教えを帯に書いたなんて、なんとつまらない話だ、どうせなら愛人着用の絹のパンツに自分の名前を書かせた、というくらいの粋な話をさがしてこい、とぬかした。けっこう腕のいい医者なのだが、そんな変態の名前など、絶対に後世に伝わるはずがない。

# 伯楽《はくらく》

## ◇そのものズバリ、鑑定士の名前だった

馬は人間にとって重要な家畜で、中国でも非常に早い時代から飼育されてきた。しかし動物を飼い馴らして生活に利用することはもともと農作業と食料供給の必要に応じて発生したことであり、その意味では古代中国での代表的な家畜は豚と犬だった。

中国では新石器時代の遺跡から馬の骨が発見される例はイヌなど他の動物に比べて少なく、しかも中に野生種の馬の骨が含まれているそうだ。新石器時代の中国では、野生の馬を捕獲して食料とすることはあっても、家畜としての飼育はまだなかったらしい。馬を家畜として利用しだしたのは、運搬や戦争のために使う乗り物が発明されたのと軌を一にし、当時の戦車は御者と兵士が乗る箱を二頭の馬が引く形式のものであった。

馬はこのように戦争に使われる重要な役畜だったから、その飼育と繁殖が国家によって厳重に管理された。周の時代には、王が所有する馬の管理を担当する官吏がい

たとされる。殷を倒して周を建てた武王の弟である周公旦《しゅうこうたん》が理想的な職官制度を記録したとされる『周礼《しゅらい》』（夏官《かかん》）に見える「校人《こうじん》」という官職は、放牧場で飼育される馬を「種馬《しゅば》・戎馬《じゅうば》・斉馬《せいば》・道馬《どうば》・田馬《でんば》・駑馬《どば》」の六ランクに分類して管理したという。こうして駿馬から駄馬にまで分類された馬に、それぞれのランクに応じて仕事があたえられた。

馬のランクわけと鑑定については伯楽《はくらく》という名人がいたという話が『荘子《そうじ》』などに見え、日本でもよく知られていた。その名前が日本に伝わり、やがて馬の管理と売買を担当する職人を意味する「博労《ばくろう》」ということばができた。

後漢の許慎が著した中国最古の字書『説文解字《せつもんかいじ》』には、年齢によってこまかくわけられた馬の呼び方がいくつか載せられていて、たとえば一歳の馬を「馬《かん》」と呼んだ。二歳の馬が「駒《く》」で、三歳馬を「駣《ちょう》」というが、なぜか四歳から七歳までについては記述がなく、次にあるのは八歳の馬を指す「馴《はつ》」である。しかしそれでも、このように馬齢に応じての馬の呼び名を、複合語ではなく、単に一文字で表現できたということ自体が、馬を周到に管理していた事実を示す有力な証拠であり、ここからも馬の管理が国家にとっての重要な事業であったことがわかる。

# 始《はじ》めて俑《よう》を作《つく》る

## ◇孔子が憎んだ「俑」の風習とは、どんなもの？

中国には古くから、木や土で作った人形を墓に埋葬する風習があった。日本の埴輪《はにわ》と同じだが、孔子はこれを人を生き埋めにすることと同じと考えて、その風習を非常に憎んだ。『孟子《もうし》』（梁恵王上）に「始めて俑《よう》を作りし者は後なからん」とあるのがそれで、墓に埋葬する人形を最初に作った人間は子孫が断絶するというのだが、血統の継続を何よりも重んじる儒学で「後なからん」というのは、きわめて強い非難である。そこから「俑を作る」という表現で、よくないことを始めたり、悪い前例を作ったりすることを意味するようになった。

孔子はまったく知らなかっただろうが、いまでは殷代の王の墓が発見されており、その中には百人をはるかに越える人間が、殉葬《じゅんそう》あるいは犠牲として埋められていた。王の死去とともに膨大な数の人間が殉死させられていたのだから、生身の人間の代わりに俑を使うようになったことは、むしろ喜ぶべきことなのである。

俑といえば、始皇帝の兵馬俑《へいばよう》を思い出す。西安郊外にある巨大な体育館のような「秦始皇帝兵馬俑博物館」に一歩足を踏み入れた時、人はそこに展開される壮大なスケールに息を呑み、しばし絶句することだろう。はじめて兵馬俑を見たのはもうずいぶん前のことだが、最初は口もきけないほどの大きなショックを受けた。目の前には始皇帝の近衛軍団といわれる兵士や馬、それに戦車などを陶器で作った塑像が整然と並び、隊列は威風堂々として、その勇姿は向かうところ敵なしの名声をほしいままにした秦の強大な軍事力をあますところなく感じさせる。

兵馬俑の総数は六千体とも八千体ともいわれるが、もとをただせばいずれも土をこねて作った型を焼きかためたものである。つまり陶器の一種であり、これらの俑を焼くための燃料はもちろん材木を使った薪で、その来源附近の山に植えられていた樹木にちがいない。ということは、兵馬俑を作るためにおそらく天文学的数字といっていいほどの量の樹木が伐採されたわけで、そのためにもともと緑豊かだった中国西北部が急激に乾燥化した。

「俑を作った」者のために森林が伐採され、環境が激変した。もし孔子がそのことを非難したのだったらこのことばはもっと人口に膾炙《かいしゃ》していたことであろう。

# 反《はん》哺《ぽ》の孝《こう》

## ◇意外！　嫌われもののカラスは人間より親孝行だった

街中にカラスが増え、生ゴミ回収の日には朝から「ゴミステーション」のまわりが騒がしくなる。カラスがどこからともなく飛んできて、ビニール袋を器用に破り、中の残飯を引っぱり出そうとするからだ。

カラスはどこでも嫌われもので、昔話でゴンベが蒔《ま》いた種をほじくるのはカラスだし、またこの憎らしい鳥は木の枝や電線にとまって、「アホー、アホー」と人を馬鹿にしたように鳴く。西洋のおとぎ話でもカラスが善玉として登場することはほとんどなく、だいたい意地悪でずるがしこい人物の代名詞のように使われる。

「髪はカラスの濡れ場色」といえば女性の黒髪の美しさをたたえた表現だが、しかしもし「自然界真っ黒度コンテスト」というようなものがあれば、カラスは石炭とともに優勝候補の筆頭にあげられるだろう。あれほど「純黒」の生き物も珍しい。

カラスを表す《烏》は、《鳥》と形が非常によく似ていて、両者のちがいは一本の横線の有無だけである。この《烏》が《鳥》より横線が一本少ないのも、実はカラスの「純黒」の故なのである。というのは、《鳥》と《烏》のちがいとなる一本線は目の部分にあたるが、カラスは顔まで真っ黒だから、瞳がはっきり見えない。それでその部分に線を書かない、というのだ。いささか人を喰ったような説明にも思えるが、しかし最古の漢字である「甲骨文字」の時代から一貫して、《烏》は《鳥》より線が一本少なく書かれている。

そんなカラスにも少しは美点があるようで、伝統的な中国の字書では、カラスは非常に親孝行な鳥で、「反哺《はんぽ》の孝」という美徳がある、と説明される。「哺」は「哺乳類」の「哺」で、「食物や乳などを口に含ませる」ことをいう文字である。だから「反哺」とは「逆にエサをあたえる」という意味で、カラスはひな鳥が成長し、自分でエサを取ってこられるようになると、自分を育ててくれた親鳥の分までエサをとってきて、それを老いた両親に差しだすのだそうだ。

親を親とも思わない人間が激増している時代だから、カラスがもし「反哺の孝」を実践しているのならほめてやりたいところだが、しかしわが家の前に来るカラスは、自分でとった餌を自分で食べている。こんなカラスはさっさと追い払うに限る。

# 覆水《ふくすい》は盆《ぼん》に返《かえ》らず

## ◇お茶を載せる〝おぼん〟と思っていませんか？

「盆と正月」すなわち夏のお盆と年末の正月は、「藪入《やぶい》り」の季節だった。江戸時代の社会には武士にも町人にも「定休日」という制度がなく、幕府も寺子屋も、そして商家もほぼ年中無休の状態だったのだが、商家の奉公人たちは正月と七月の十六日だけは休暇をもらえた。この日、奉公人たちは主人からいささかの小遣いをもらって親元に帰省したが、中には芝居や寄席《よせ》見物にでかけた者もいたらしく、藪入りの盛り場はたいへんなにぎわいだったようだ。しかしこの風習はやがて「住みこみ奉公」がなくなり、週休制が定着して急激に衰退した。いまでは単に「盆と正月」という言葉がのこるだけである。

ところで京都は「盆地」だという時の「盆」を、私は大学生のころまでずっと、お茶などを載せて運ぶあの「ぼん」のことだと思っていた。しかしあの平らな「ぼん」(近ごろはトレイというようだ)では、どう考えても「盆地」の形にならない。また

「覆水《ふくすい》は盆に返らず」ということわざがあるが、そもそも「覆水」すなわちこぼれた水が、あんな平たい「ぼん」に返るはずがない。

この「盆」が底の浅い鉢のことだと知ったのは、中国語の授業で「臉盆《リエンペン》」(洗面器)という単語を知った時だった。かつての中国の大学や職場の食堂では小型洗面器のような鉢にご飯をいれたが、それを「飯盆《ファンペン》(ファンペン)」という。

周の建国の功臣とされる太公望呂尚《りょしょう》は、若いころ本ばかり読んでいてちっとも仕事をせず、あまりの貧しさに妻が離縁を申し出た。だがその後彼が周の文王《ぶんおう》に見いだされて頭角をあらわし、のちに出世して斉《せい》の国王となると、逃げた妻が臆面もなく現れ出てきて、おずおずと復縁を願い出た。そのとき呂尚は鉢(=盆)に入れた水を地面に撒いていった。「おまえは私のもとを去ったのに、いまこうして復縁をせまる。でも鉢からこぼれた水は、二度ともとの容器には戻らないのだよ」と。「覆水は盆に返らず」とは、いちど離婚した夫婦は元通りにならないということのたとえであった。

それにしても、私も一度でいいから、足下にひれ伏して泣く女性に向かって水を撒《ま》き、かっこいいセリフを決めてみたいものだと切に思う。

# 目《め》に一丁字《いっていじ》を識《し》らず

## ◇誤字から生まれた、豆腐の数え方「一丁」

小学校で先生が「本は一冊二冊と数え、猫は一匹二匹と数えますね。では豆腐はなんと数えますか？」と尋ねたら、子供が元気よく手を挙げて、「はい、ワンパック、ツーパックです」と答えたという実話があるそうだ。たしかにスーパーに並ぶ豆腐はパックで数えるのが合理的に思われる。

数字と名詞をつなぐことばを中国語では「量詞」といい、中国語ではこれが非常に発達していて種類も多い。なにせ動物だけでも、牛・馬・犬・豚はそれぞれちがう量詞で数えられるのだ。そんな量詞の中でももっともよく使われるのが「個」で、これを中国で使われる簡体字では「个」と書く。まるで矢印のようだが、これは非常に早くから「個」の俗字として使われていた。活字体の「个」は三画になるが、実際に中国人が手書きで書く時には続けて書くから、カタカナの「ケ」によく似た字となる。日本語で「ケ」を「個数」の意味で使うのは、中国から輸入された荷物の箱に書かれていた「个」を、カタカナの「ケ」と誤読したのが始まりである。

中国語の授業で量詞を説明する時の余談として、「たこやき六ヶ三〇〇円」と書いて実際には「六個三〇〇円」と読むのはこのような理由による、と説明すれば、学生は興味津々として話を聞く。しかしそれと同時におこなう「目に一丁字《いっていじ》を識《し》らず」という表現に関する話が、まったくウケないのは悲しいことである。

「目に一丁字を識らず」、あるいは「目に一丁字無し」とは、文字を読む能力がまったくないことをいう表現で、映画の字幕がパッパッと変わって読めない時などにも使われることがあるが、これはもともと唐の張弘靖《ちょうこうせい》という人の伝記に、「今天下は無事なり。汝《なんじ》らは両石《りょうせき》の力弓を挽《ひ》きうるも、一丁字を識るにしかず」とあるのが出典である。だがこの「一丁字」は本来「一个字」（＝一個字）と書かれるべきで、「丁」は「个」を誤写したものだった。

私はたまたま「目に一丁字無し」という表現を知っていたから、「一丁字」が「一个字」の誤りであることを面白く感じたものだった。しかしその表現はすでに死語となっているようで、学生は何の反応も示さない。豆腐は「丁」で数えることを教えなければならない時代だから、それもまたしかたのないことなのだろうか。

# 薬石効《やくせきこう》なし

## ◇かつて、鍼治療は「石」を使っていた

年をとるにつれて、新聞の訃報《ふほう》欄をまめに読むようになってきた。きっかけは学生時代に数回授業を受けたことがある教授が逝去《せいきょ》されたことを新聞で偶然に知ったことで、フランス文学の先生だったから、中国文学専攻だった私にはそれほどの思い出もないのだが、記事を見ていると当時の教室の風景がまざまざと思い出されてきて、しばらくは追憶にふけったものだった。それ以後訃報欄にはできるだけ目を通すようにしている。あまりいい気持ちことではないが、自分よりも若い人がその欄に登場していれば、どんな病気だったのかなと思うし、まれに面識のある方がそこに載れば、残されたご家族のことに思いを馳《は》せたりもする。

訃報欄の近くには、社葬などの案内がよく掲載される。「弊社取締役某某儀逝去につき、以下の通り社葬をおこなうので、ご参列方よろしく」という広告だが、そこに「かねて病気療養中のところ、薬石《やくせき》効なく」という表現がしばしば使われる。

病気で入院していたが、治療や家族の世話の甲斐もなくついに他界したというのは、私自身にも両親を病院で亡くした経験があるので、まことに身につまされる話であるが、ところで、この「薬石」とはいったいなんだろうか。「薬」の方はいうまでもないことだが、しかし「石」とは奇妙である。現代の病院で「石」を治療に使うとは思えない。

この「石」は伝統的な東洋医学に由来するいい方で、本来は鍼《はり》のことであった。東洋医学での鍼の歴史は非常に古く、説かれるところでは中国は紀元前三世紀ごろにはすでに鍼が病気治療に使われていたという。現在の鍼灸治療では金や銀で作った鍼を使うのが一般的だが、最初のころは石の先端を鋭くとがらせた「石鍼《いしばり》」で、皮膚の表面を刺激していたのだそうだ。そこから「薬石」ということばで薬や鍼による治療法を意味するようになった。それで「薬石効なく」で「あらゆる治療法を試みてきたが残念な結果におわった」という意味を表すわけだ。

同じ考え方から、薬や鍼治療のように身のためになる有益な忠告のことばを「薬石の言」というようにもなった。良薬は口に苦いというが、薬石の言も、きっと苦く、そして痛いものなのだろう。

# 洛陽《らくよう》の紙価《しか》を高《たか》める

## ◇印刷技術が発明される前の、紙の使われ方とは

人間がこれまでもっとも長い時間にわたって文字を書いてきた素材は、いうまでもなく紙である。現在の研究によれば、紙は紀元前一〇〇年前後に中国で発明されたもので、中国に使者を派遣した国は使者が帰国する時に皇帝から紙を下賜《かし》されたから、紙は東アジア世界ではかなり早い時期から使われた。しかし紙が発明されてから後の数世紀間、紙の製法は国外には伝えられず、紙の作り方を知っているのは中国人だけだった。紙がヨーロッパに入ったのは十二世紀以降のことである。しかしいったん紙の使用が始まると、紙はそれまでの書写材料のほとんどを駆逐してしまった。紙はそれほどに画期的な素材であった。

紙が広く普及した理由は紙そのものがもつ利点によるのだが、それ以外に、紙が業者によって製造され、販売されるものであったことも忘れてはならない。それまでの文字を書く素材は、すべて筆記者（あるいはその周辺の者）がみずから材料を調達し、

加工したものであり、どこかから買ってくるというものではなかった。しかし紙は文字を書こうとする者が自分で作ったものではない。紙の製造には大きな設備と労力を必要とするから、宮廷や官庁などは別として、個人では紙の製造はまず不可能である。すなわち紙を使う者は、誰かが造った紙を買うなどして手に入れたのである。逆にいえば、紙は記録者以外の人によって作られ、また販売されるという形態をとった初めての素材であった。このような形態の確立によって、誰でも金さえあれば文字書写の素材を入手できるという状態が出現した。この点でも紙は文字そのものが広範囲に普及するにも大きく作用したことと思われる。

紙が販売されていたことは、書籍のベスト・セラーのたとえに使われる「洛陽《らくよう》の紙価を高める」の故事である。西晋の文学者左思《さし》が作った「三都賦《さんとふ》」は、魏《ぎ》・蜀《しょく》・呉《ご》の繁栄ぶりを克明に描写した長編で、この作品が時の名士から高く評価されると、洛陽の文学愛好者たちはあらそって書き写そうとした。印刷が行われる前だから、人々は紙を買ってきて手で写すほか方法がなかったので、たくさんの人が紙を買いにいった。こうして洛陽の紙は需要と供給のバランスがくずれ、紙の価格が急騰したという。

# 李《り》下《か》に冠《かんむり》を正《ただ》さず、瓜《か》田《でん》に履《くつ》を納《い》れず

## ◇もはや疑わしきは「冠」の中だけではなくなった

まことに困ったことだが、多くの大学では定期試験でカンニングが蔓延している。それはいまにはじまったことではなく、私自身が学生だったころからすでにそうだった。学生時代の友人たちも、かなりの数の人間がそれに手を染めていた。それもまるでゲーム感覚でやる者が多く、まことに腹立たしい限りであった。

決して自分自身を美化するつもりはないが、私はカンニングだけは絶対にしたことがない。そんな卑怯なことをするくらいなら堂々と落第すればいいと本心から思っていたし、実際に不合格になって、翌年再履修して取得した単位はいっぱいある。

お前は妙なところで正義感を出すのだなと笑われることもあるが、カンニングは許し難い悪事であるという信念だけはいまもゆるがない。だから教師となってから、定期試験の監督に駆りだされる時には、私はカンニングの摘発に情熱を燃やす。

教室の机の下にちょっとした棚があるので、問題と解答用紙を配布する前に、棚にはなにも置くな、いまなにか置かれていればすぐに廃棄せよ、と伝達する。だが悪意ある者はそこにカンニングペーパーを置こうとする。最近は縮小コピーを駆使した、芸術的と呼んでもいいほどに「見事な」カンニングペーパーまで作られる。

試験がはじまって教室を巡回すると、案の定、棚に紙を置いている者がいる。さっそく取りあげて詰問すると、ボクのではありません、と言い逃れようとする。そんな卑怯者には「李下《りか》に冠《かんむり》を正さず、瓜田《かでん》に履《くつ》を納《い》れず」という格言を教えてやる気もおこらない。

試験だけにかぎらず、何事につけても他人から疑いの目で見られるような行動は慎むべきである。この「李下瓜田」の格言は、もともと「古楽府《こがふ》・君子行」という古い詩に「君子は未然を防ぎ、嫌疑の間に処《お》らず、瓜田に履を納れず、李下に冠を正さず」とあるのが出典なのだが、余計な嫌疑を招かないようにするのは「君子」の行為なのである。カンニングをたくらむような者ははじめから「君子」でもなんでもないのだから、そんなやつらに人の道を説いてやるのは時間の無駄というものである。

# 2章

知れば知るほど面白い!

# 四字熟語編

# 一衣帯水《いちいたいすい》

## ◇日本と中国で〝海〟に対するイメージはこれほど違う

いま見ることができる最古の漢字である「甲骨文字」の中には、「海」という字が見あたらない。それはそのはずで、甲骨文字を使っていた王朝は海から遠くへだたった黄河の中流域に都をおいていたから、そこの人々は海自体を知らなかった。

中国の伝統的な王城の地といえばまず長安《ちょうあん》と洛陽《らくよう》があり、やがて南京《なんきん》がそれに加わった。長江下流域にある南京はまだしも海に近いが、しかし長安や洛陽は完全な内陸部で、そこから東の海岸線まで悠に千キロはある。沿岸地帯に暮らす者は別として、過去の中国人の大多数は、海を直接目にすることなしに生涯を終えたはずだ。

中国人と海の関係は、日本人ほど密接ではない。後漢《ごかん》の時代に作られた『釈名《しゃくみょう》』という字書に、「海《カイ》は晦《カイ》なり」と記されている。非常に簡単な記述だが、これはある漢字の意味を同音の文字に置き換えて説明する「声訓《せいくん》」という方法で、ここでは「海」を同音の「晦」に置き換え、「晦」の意味で説明する。

「晦」を使った熟語には、「晦日《みそか》」とか「晦渋《かいじゅう》」がある。「晦日」は陰暦三十日のことで、この日の夜は月がまったく見えない。つまり「くらい日」である。また「晦渋」とは「難解」ということで、「わけがわからない→よく見えない→くらい」という意味がある。要するに古代の中国人は「海」を「晦」つまり「くらい」ものだと認識していて、海は魔物が住む、妖怪が跋扈《ばっこ》する、おどろおどろしい世界だったのである。

それに対して日本は四方を海に囲まれ、大いなる恵みを海から受け取ってきた。日本人にとっての海は無尽蔵の資源の宝庫であり、そしてかつては中国へ、近代では欧米へという、未知の新しい世界に向かう通路でもあった。日本人にとっての海は明るい未来につながっていた。

日中友好を唱えるスローガンのひとつに「一衣帯水《いちいたいすい》」という表現がある。これは両国の間には一本の帯のように短い水路しかない、との意味だが、その水路に対する認識が、双方ではいささか異なるようだ。日中合弁の事業などが時にギクシャクし、ひどいときには暗礁に乗りあげてしまうのも、実はこのあたりに理由があるのかもしれない。

# 一字千金《いちじせんきん》

## ◇たった「一字」が「千金」に相当するほどの書物とは？

母校の助手をしていたころ、大学院生を集めて読書会を開いていた。近代の学者が書いた文献学の論文を読んでいたのだが、そこに「不刊之典《ふかんのてん》」ということばが出てきた。中国古典を扱う者には常識といってもいいことばなのだが、輪読の当番にあたっていた院生はこれを「出版されない書物」と訳して失笑を買った。まともに辞書も引かず、漢字の字面だけを見て訳すと、こういう失態を演じることになる。

「刊」は「木を削る」というのが本来の意味で、それでこの字には刀を表す《刂》がついている。「不刊之典」の「刊」もその意味で、これはどこにも修正すべき点がない完璧な書物のことをいう。ちなみに「刊」が「出版」という意味で使われるのは、昔の木版印刷では版木を削って文字を彫りこんだからにほかならない。

中国で紙が発明されたのはだいたい紀元前一〇〇年前後のことと考えられるが、漢字は紙が発明される千年以上も前から使われていた。つまり紙が登場するはるか前から漢字はいろんな素材に書かれていたのだが、もっともよく使われた素材は竹や木である。それを細長く短冊状に削った札を、竹簡あるいは木簡という。

竹簡や木簡に文字を書く時に、もし書きまちがえれば訂正することがなかなか難しい。紙ならば、私たちが消しゴムを使うように、まちがった文字の上に硫黄《いおう》を塗って修正できたが、竹簡や木簡ではそうはいかない。そんな時はまちがった部分を削り落とし、そこにあらためて文字を書くしか方法がなかった。だから古代の書記たちは、竹簡や木簡を削るためのナイフをいつも腰にぶらさげていたのである。

しかし、そもそも修正すべき箇所がまったくない完璧な書物が、はたして世の中に存在するのだろうか？

むかし秦の大商人であった呂不韋《りょふい》が、食客たちに諸家の説を集めさせて『呂氏春秋《りょししゅんじゅう》』という書物を編集した時、それを首都咸陽《かんよう》の城門に展示して、「能《よ》く一字を増損する者あらば千金を予《あた》えん」との高札を掲げたという。これがすぐれた詩文や貴重な文献を意味する「一字千金」の由来なのだが、それにしても大した自信である。実際に文章を書いている身から見れば、よほどのうぬぼれか、あるいはハッタリとしか思えないのだが。

## 韋編三絶《いへんさんぜつ》

### ◇綴じ紐（韋）が切れるほど読んだ孔子の愛読書って？

前の項目でも書いたが、最古の漢字「甲骨文字」が使われていたのはだいたい紀元前一〇〇〇年前後で、紙が発明されるのは紀元前一〇〇年前後だから、漢字は紙がない時代にも約一千年間にわたって使われていたわけだ。では紙がない時に、漢字はいったいなにに書かれていたのだろう？

紙が発明されるまでの中国で、文字を書き記すためにもっともよく使われたのは竹か木を削った札で、それを「簡」とよぶ。「書簡《しょかん》」ということばはその名残で、実際によく使われたのは長さ二十三センチ、幅が五ミリから一センチ前後の細長い札だった。竹で作られた札を「竹簡《ちっかん》」、木で作られたものを「木簡《もっかん》」という。

このような竹簡や木簡に書かれる字数は、文字の大小にもよるが、一般的には二十字から四十字くらいだった。もちろんもっとたくさん書きたければ、札を長くすればいいのだが、しかしどんなに長くしても書ける字数には限界がある。そこで一本の札で書ききれない時には何本かの札に続けて書き、それを順番に並べて紐で綴り合わせるという方法が採られた。これが書物のもっとも古い形態で、このようなものを「策書」という（「対策」の項を参照）。

こうして作られた書物は、一方の端からクルクルと巻いて保管された。これが後世に書物を数える単位として使われる「篇《へん》」で、「篇」に竹カンムリがついているのはもともと竹を素材としたことによる。それがのちに絹や紙を使って文章を書き、それをちょうど呉服の反物のように巻いたものを「編」という字で数えた。

ある書物を何度も繰り返して読むことをいう「韋編三絶《いへんさんぜつ》」も、もともとこのような書物の作り方から出た表現である。孔子は『易』を読むのが好きで、何度も何度も読んだために、木簡（あるいは竹簡）を綴じてあった紐がしばしば切れたという。これが「韋編三絶」の故事で（『史記』孔子世家に見える）で、「韋《い》」とはなめし皮のことである。孔子は愛読していた『易』を、普通の紐ではなく丈夫ななめし皮で綴じていたのだが、それでも「韋」が切れたというのだから、よほどよく読んだのだろう。ただしこれはあくまで伝説であって、実際になめし皮で綴じられた書物が発見されたことは一度もない。

# 偕老同穴《かいろうどうけつ》

## ◇結婚披露宴でよく使われる、永遠の愛のことばの語源

「カイロウドウケツ」という名前の生物がいると知った時は驚いた。モノの本によれば、それはカイロウドウケツ科の海綿《かいめん》動物で、直径一～八センチ、長さは三十センチから長いものでは八十センチに達し、色は白かうすい黄色、まるで竹で編んだカゴのようにきれいな形をしていて、深海の砂に直立しているそうだ。

この名前のもとになったのはもちろん、夫婦が仲良く暮らし、死後は同じ墓に入ることをいう「偕老同穴《かいろうどうけつ》」という四字熟語であり、本来は『詩経《しきょう》』の「撃鼓《げきこ》」という詩に「子《なんじ》の手を執りて、子と偕《とも》に老いん」とある句と、「大車《だいしゃ》」という詩に「生きては則ち室を異にすとも、死しては則ち穴を同じうせん」とあるのを結びつけた表現である。最近では墓を作らず、死後は灰を山や海に撒《ま》いてほしいと希望する人も増えているが、しかしこのことばは夫婦の永遠の愛を表現するものとして、いまも結婚披露宴などでよく使われる。

この夫婦仲のうるわしさをたたえることばが、深海に暮らす生物の名前に使われるようになったのは、その生物の竹カゴ状になっている部分にドウケツエビとよばれる体長二~三センチのエビがかならず二匹入っているからだという。このエビは幼生時代にカイロウドウケツに入りこみ、そのままずっと外へ出ることがない。エビはかならずオスとメス一対になっていて、二匹のエビが死ぬまでそこでいっしょに生活することから、その「住みか」である生物を「カイロウドウケツ」と名づけ、さらにエビを「ドウケツエビ」と名づけた、というしだいである。

カイロウドウケツに暮らすエビはかならず雌雄《しゆう》一対になっていて、オスだけとかメスだけのペアはないという。いったいなぜそうなるのかと不思議に思って調べてみると、ある本に面白い話が載っていた。ドウケツエビは、カゴの目を通って中に入る幼生時代にはまだオスとメスが分化しておらず、中に入ってから強いほうがオス、弱いほうがメスになるのだそうだ。もし生まれ変わることができるのだったら、ぜひドウケツエビに生まれたいものだ。その時に私自身がオスになるかメスになるか、考えるだけでも楽しいことである。

## 臥薪嘗胆《がしんしょうたん》

### ◇血で血を洗うような復讐物語から生まれた

中国の戦国時代、長江下流域に呉《ご》と越《えつ》というふたつの国があった。両国は境を接し、国の規模も同じくらいであるから、格好のライバルとして弱肉強食の時代に死闘を繰り返した。まず越の王であった勾践《こうせん》が呉に兵を進め、呉王闔閭《こうりょ》を戦死させた。闔閭の子であった夫差《ふさ》は呉王の位を継ぎ、父の仇を忘れまいとして薪の上で寝るという苦行をしながら軍備をととのえ、二年後に宿敵越を攻めた。戦場で包囲された勾践は和議を乞うて、命からがら逃げ帰り、それからは毎日苦い肝を嘗《な》めては和議の屈辱を思い出し、やがて呉が北方に侵攻しているすきに攻めこんで積年の恨みを晴らし、ついに呉を滅ぼした。この血で血を洗うような復讐物語が、我が国でもよく知られている「臥薪嘗胆《がしんしょうたん》」の故事である。

一九六五年のこと、湖北省江陵《こうりょう》にある墓から、一振りの銅剣が発見された。長さ約五六センチのこの剣は、墓の中で発見された時にも鮮やかな光を放っていたという。

そしてその鍔《つば》近くに、ところどころに図案化した鳥の形をちりばめた、きわめて装飾的な字体で、「越王勾践自作用剣」との八文字の銘文が記されていた。すなわち「臥薪嘗胆」の故事で知られるあの越王勾践が作らせたものだった。

もともと呉や越の国は名剣の生産地で、名剣にまつわる話が多く伝えられている。剣作りの名人として越には欧冶子《おうやし》、呉には莫邪《ばくや》と干将《かんしょう》という夫婦がいたといわれ、いまは大観光地としてにぎわう蘇州の名園「虎丘《こきゅう》」にある「試剣石《しけんせき》」は、莫邪らが作った剣の切れ味を試したものであるという。またその虎丘という名も、墓の中に闔閭の名剣三千本が埋められているとの話を聞いた始皇帝が墓をあばいて剣を求めたところ、虎が出てきて始皇帝を妨害したとの伝説から命名されたものである。

ところで勾践が亡くなったのは紀元前四六五年とされるから、いまからだいたい二五〇〇年ほど前の人である。中国ではその時代に生きていた人の事績が詳しくわかり、ほかにもエジプトやギリシャ・ローマとインドは同様であるが、その他の国では、日本を含めて当時の人は誰一人として名前すら知られない。

中国ではそんな時代の人物が実際に使っていた道具が、土の中から完全な形で出現する。それはよく考えれば、とんでもなくすごい話なのである。

# 汗牛充棟《かんぎゅうじゅうとう》

## ◇部屋にモノが多すぎると「牛」も一苦労!?

趣味で集めているものが増えてくるのは、本当に嬉しいことだ。記念切手や外国のコイン、あるいはお気に入りのミュージシャンのCDなどのコレクションがしだいに充実していくのを感じると、コレクターの類はついついゆるんでしまう。

しかしそれが本になると、話はそう簡単ではない。きわめて大量の書物を必要とする東洋学系統の講座に所属していた私や仲間たちは、大学院に進んだころくらいから、大げさに言えば「書物の海」の中に暮らしていた。学生時代から助手になるまで、私は京都市北部のある農家で、八畳二間からなる離れを一人で借りていた。かなり老朽化した家ではあったが一人暮らしには贅沢な広さだった。しかし実際の生活空間に、広いというイメージはなかった。私はそこに、六段のスチール製本箱を十八台並べており、それでも本は収まりきらず、机の回りや廊下にあふれていた。

もちろん私だけが例外的な「蔵書家」だったのではなかった。東洋学の仲間はみんな個人の図書館を抱えて暮らしているようなものだった。自分はアパートの四畳半の部屋に寝起きし、それ以外に「書庫」として近くのアパートの六畳の部屋を借りていた先輩がいた。後輩の一人は、新しい下宿の契約をすませ、新居に引っ越し荷物を搬入しだしたとたん、「そんなたくさんの本をお持ちだとは思いませんでした」という理由で大家さんから入居を拒否されたという経験をもっている。

蔵書量が非常に多いことを、四字熟語では「汗牛充棟《かんぎゅうじゅうとう》」と表現する。これは唐の時代の名文家で、「唐宋八大家」の一人として知られる柳宗元《りゅうそうげん》の文章に見える表現で、所有している書物が家の中では天井の棟木《むなぎ》に届くくらい高く積みあげられ、それを車に積んで牛に引かせると、牛が大汗をかくほどに、書物がたくさんあるということである。

もちろん私の蔵書くらいで「汗牛充棟」という表現を使うのははなはだ僭越なことで、実際にちょっと信じられないほどの書物をかかえている知友は身の回りにゴマンといる。しかし最近では中国の古典もどんどん電子化されており、書物の収蔵と管理が以前よりもぐっと楽になった。百冊を越える大きなシリーズ物が何枚かのディスクに収まるのだから、牛はきっと大喜びしているにちがいない。

# 閑《かん》話《わ》休《きゅう》題《だい》

## ◇それはさておき、なぜ「題」を「休む」のか

話し言葉ではめったに使われないが、文章は話題をもとに戻すなど時に、「それはさておき」といった意味で使う「閑《かん》話《わ》休《きゅう》題《だい》」という言い方がある。

日本ではだいたい明治初期の文学作品あたりから用例が見えるが、これはもともと近世中国で都市の盛り場などに開かれた寄席で、大衆娯楽として演じられた講談の中で使われた用語だった。講談師が本題から逸れた話をしばらくしたあと、「さて本題に帰りまして……」という意味で使った「閑話休題、言帰正伝」（閑話は題するなかれ、言は正伝に帰《き》さん）という表現がその起源である。

「閑」は日本語では「有閑階級」とか「閑人」など、「ひま・余暇」、つまり時間的に切迫しておらず余裕があることをいう時に使われるが、中国語では時間的概念だけに限定されず、もっと幅広く一般的に余裕やゆとりがあることをいい、転じて、それほど重要ではない、または本質的なものと無関係であることをいう。

中国語で「閑話」といえば無駄話・余談のことで、また「閑人」は無関係の他人という意味で使われる。「立入禁止」を中国語では「閑人免進」と書くのが、用例としてもっともわかりやすいものであろう。また儒学の経書を読むことだけが学問だった過去の中国では、『三国志』や『水滸伝《すいこでん》』などの小説を「閑書」と呼んだが、それは「ためにならない書物」というマイナスの価値判断をこめた言い方であった。

講談師が本題からそれて余談をするのは、まさに「閑話」であった。だから余談から本題（正伝）にもどる時にいうのが「閑話休題、言帰正伝」なのだった。

なお「閑話休題」のうちの後ろ二文字は日本語ではいささかわかりにくいが、「休」は口語で「〜するなかれ」という禁止命令を示す語、「題」は「提」と同音の文字で「話題を提起する・話を口にする」ことをいう文字である。禁止命令を表す「休」は、唐代の詩などにもその用法がある。この字がその意味で使われている有名な例に、旧中国における人々の勝手さ、他人のことにまったくかまわないわがままぶりをいう「各人自掃門前雪、休管別人瓦上霜」（各人自ら門前の雪を掃く、別人の瓦上の霜に管《かか》わるなかれ）というものがある。中国で暮らしていると、そのことばが実に言い得て妙だと感じられるものだ。

# 規矩準縄《きくじゅんじょう》

## ◇「矩」の「巨」はもともと〝定規を使う〟の意味だった

息子が小学生のころに取りくんでいた塾の宿題をのぞくと、「次の漢字の部首名称をこたえなさい」という問題があって、中に「巨」の所属部首が問われていた。ふーん、ずいぶん難しいことをやるんだなと感心していると、息子は漢字字典を調べ、解答欄に「はこがまえ」と書いた。私はとびあがらんばかりにびっくりした。「巨」はいつから「はこがまえ」に属する漢字になったのだろう？　だが調べてみると、ほとんどの学習用漢和辞典では「巨」を「はこがまえ」に所属させていた。

皇帝の命令で作られた『康熙字典《こうきじてん》』や、約五万字を収める『大漢和辞典』など、伝統的な漢字字典では、「巨」は《工》部二画に配置される漢字である。いまは「巨」と書かれるが、正しくは「巨」と、上下の横線を少し左へはみだして書く。だからこそ「巨」は《工》部に属するのである。

《工》は「さしがね」（定規）の形にかたどった象形文字で、「巨」はその「工」＝さしがねの中心を手で握っている形、本来は「定規を使う」という意味だった。その「巨」がやがて「大きい」という意味で使われるようになったので、あらためて「矩」（規則の意）が作られた。大工さんなど建築関係者がいまも使う「規矩準縄《きくじゅんじょう》」ということばにそれが残っていて、規はコンパス、矩は定規、準は水準器、縄は墨縄のこと。それがのちに「さまざまな標準や法則のよりどころ」という意味を表すようになった。

いまの私たちが使う「巨」という形は、昭和二四年に制定された「当用漢字字体表」で示された形であり、字形変更に連動して所属部首まで変えられた。「巨」の本来の形である「巨」などいまではまったく見かけないから、所属部首が変わるのもしかたないことなのかもしれない。しかしそんな新しい部首配列でできた漢字辞典を引いて育った子供の中にも、やがて古代中国の文学や歴史、あるいは仏教学など、広い意味での東洋学研究の道に進む者がきっといるだろう。だが東洋学の研究者なら、かつての伝統的な漢字の配列方法に通暁していないと、辞書がちゃんと引けないことになる。辞書すら満足に引けない者が研究活動を進めるにはきっと大変な苦労を要求されるのだろうな、と私は彼らに心より同情の念を禁じ得ない。

# 恭《きょう》喜《き》発《はっ》財《ざい》

## ◇お金持ちになれますように…と願う、中国の正月

中国のお正月は旧暦で祝われ、昨今は正月休みを利用して日本まで旅行に来る大量の中国人観光客がニュースで話題になったりする。中国の正月では都市でも農村でも、商店や住宅の玄関や役所・工場などの門の両脇に、縁起のいいことばが書かれた縦長の赤い紙が貼りだされる。これを「対聯《たいれん》」といい、書に自信のある人は自分で考えた語句を墨痕淋漓《ぼっこんりんり》と揮毫《きごう》するが、歳末になるとあちらこちらの街角に屋台が出て、めでたい語句を金文字で印刷された赤い紙が大量に売り出されるから、そんな既製品を買ってきて貼る人のほうが圧倒的に多いようだ。

私もそんな既製品を何枚か持っているが、対聯でもっともポピュラーな語句のひとつに「恭喜発財《きょうきはつざい》」がある。「恭喜」とは「めでたいことを祝う」という意味、「発財」は財産を築きあげる、つまり金持ちになることをいう。

数年前のこと、中国でちょっと高級な宴会に招かれたときに、黒くて細いものがモ

ワッと固まって入ったスープが出てきた。一見したところ「もずく」に見えるが、中華料理に「もずく」は変だなと思ってたずねてみると、それは四川省や山西省など内陸地に生息する藻の一種で、人間の頭髪に似ていることから「髪菜《ファーツァイ》」というと教わった。なるほどいわれてみれば、頭髪がスープに入っているように見える。ちょっとグロテスクな感じもあるが、しかしそれはなかなかの珍味であったし、そのときに聞いた話では、タンパク質やミネラルが豊富に含まれているので、血圧を下げたりコレステロールを溶かす効能もあるらしく、主に高級料理の「薬膳」に使われるとのことであった。暗にこの宴会はかなり高級なのだよ、とにおわされたような感じがしたが、実際にかなりの高級宴会だったので、もちろん私には文句をつけるすじあいなどまったくなかった。

この食材の名前「髪菜」(fàcài)は、「金持ちになること」を意味する「発財」(fācái)と発音が近いことから、非常に縁起のよい食品とされる。つまりこれは漢字の同音を利用した縁起かつぎであり、その宴席では「この髪菜を食べると貴殿もすぐに『発財』するよ」といわれたものだが、しかしいつまでたっても「発財」しない。しょせんは単なるだじゃれにすぎず、効能はあまり期待できないようだ。

# 曲学阿世《きょくがくあせい》

## ◇"おもねる"意で「阿」が使われているワケ

高校生のころなにかの本を読んでいて「曲学阿世の徒」ということばに出あった。あらずもがなの注釈をつけると、「曲学」とは学問をねじまげること、「阿世」は世の中に迎合して、大衆にこびへつらうことをいう。

「阿」は私の姓にある漢字だが、日本語では「阿部」とか「阿川」とかほとんど固有名詞専用である。中国語でもこの漢字は「阿Q正伝」とか「阿哥《アーコー》」(あにさん)などの接頭語で使われるのが普通である。

だが「曲学阿世」では「阿」が動詞として使われており、そんな用例を見たのは、おそらくその時がはじめてだった。私は大発見をした気になり、その日の夕食の場でさっそく『阿』には『おもねる』という意味があるんやなぁ」と意気揚々と話したところ、父と兄の機嫌がみるみる悪くなった。父も兄も、わが家の姓に使われる漢字にそのような「ろくでもない」意味があることをまくし立てる私を非難し、「そんなのはどこかの無学なやつが思いついた誤用や」と、証拠もなしにあっさり切り捨てた。私はそそくさと食事をすませて部屋にこもるしかなかった。

「阿」は、中国最古の字書『説文解字』によれば大きな丘陵のこととされ、そのほかにもいくつか解釈があるが、それを「おもねる」意で用いるのは、「委」や「依」に通用した「あて字」である。古代の文献では、ある漢字を音が近いものに置き換えることがよくあり、このようなものを「同音通仮」というが、しかしそれは決して「無学なやつが思いついた誤用」ではない。

「曲学阿世」ということばは『史記』(儒林伝)に見え、ある老学者がまだ若い学徒に「くれぐれも学問の真理をまげ、世間に迎合することなどないように」と戒めた表現であるが、これは戦後の講和のあり方をめぐって、アメリカ陣営と単独講和を進める首相吉田茂が、中ソ陣営を含むすべての交戦国と講話すべしと唱える東京大学総長南原繁を「曲学阿世の徒」と評したことから有名になった。吉田茂など当時の政治家たちはほかにも「暴言」に類することばで論敵とやりとりをしているが、そこには外国語をカタカナに置き換えただけの安易な「外来語」はまったく出てこない。ある意味では、すばらしい時代だった、というべきだろう。

# 君《くん》子《し》豹《ひょう》変《へん》

## ◇態度がコロッと変わる…は誤用だった

かつてどこの大学にも名物教授と呼ばれる先生がおられた。その先生が「名物」であるわけは常軌を逸脱した奇抜な行動であったり、三つ揃えのスーツに運動靴という異様な出で立ちであったりとさまざまだったが、昨今のせちがらい大学には、そんなユニークな先生がほとんどいなくなった。

私が学生だったころも、答案用紙に名前を書くだけで単位を、それも「優」をくださるホトケのような教授が数人おられた。その先生のおかげでなんとか卒業できたというOBは、おそらく数千人というレベルで存在するにちがいない。

O教授もそんな名物教授の一人で、「一般教養科目」の「政治学」を担当しておられた。もちろん後輩に申し送りされるから、私も入学してすぐ、O教授の政治学はかならず履修届を出しておけよと何人もの先輩から声をかけられた。ところがあいにく同じ時間に私にはどうしても聞きたい講義があって、なくなくO教授の講義を見送った。やがて学年末になって、大量の学生がO教授の試験を受けた。彼らはこの単位だけはイタダキであることに何の疑問も感じなかった。ところが、O教授はその年からなぜか方針を変更され、答案の中身を精査して採点されるようになったのである。結果はいうまでもなく「大量虐殺」で、怨嗟《おんさ》の声がキャンパスに満ちた。私は友人たちに同情しながら、心の中で快哉《かいさい》を叫んだものだった。

あてがはずれた友人の一人は、居酒屋で「Oのやつ、豹変しやがって……」とつぶやいた。それまでの態度を手のひらを返すようにコロッと変えることを、友人は「君《くん》子豹変《しひょうへん》」という熟語で表現し、腹立ちのせいか、最初の「君子」を省略したのである。

「君子豹変」ということばは、当時すでにそのように使うのが一般的であった。しかしそれは実は誤用である。「君子豹変」は儒学の経典『易経《えききょう》』に見えることばで、もともとは「豹《ひょう》の毛が季節の変化に応じてはえかわって美しい斑文となるように、君子も時代の変化に応じて自分を迅速かつ的確に変えていくべきだ」との意味だった。O教授がもしも、単位の安易なばらまきは学生のためによくないと考えて方針を変更されたのだったら、それこそまさに「君子豹変」されたというわけだ。

# 国士無双《こくしむそう》

## ◇〝めったにない〟ということではマージャンでも同じだが

六〇年代末期から七〇年代初頭にかけて大学がはげしい「闘争」に巻きこまれていたころは、教室が封鎖されていて講義などまったくなかった。だが下宿にいてもしかたがないので、大学付近の雀荘が必然的に仲間の溜まり場となっていた。キャンパスには友人がいなくても、雀荘にいけばかならずだれかがいた。

それからしばらくしてキャンパスがおちつきだし、講義が少しずつ再開された。私が楽しみにしていた「漢文学概論」も、やっと再開された。それは『史記』の列伝を選んで講読するもので、その時は「淮陰公《わいいんこう》列伝」、すなわち「股くぐり」で知られる韓信《かんしん》の伝記を読んでいた。

「股くぐり」とは、ある時ごろつきにからまれた韓信がさからいもせずに相手の股の下をくぐって笑いものにされた事件であるが、それは無用の衝突を避けるために恥辱に耐えたのであり、彼こそは実は英雄の名に恥じない、真にすぐれた武将であった。

その韓信の価値を見いだしたのは、劉邦《りゅうほう》の周辺にいた唯一のインテリであった蕭《しょう》何《か》だった。蕭何は劉邦に対して「いつまでも漢王の地位で満足するのなら、韓信がいなくてもかまわないが、しかし項羽《こうう》と争い、最終的に天下をとるつもりならば、韓信を大将軍にするべきであろう」と進言し、劉邦はその提案にしたがって覇者《はしゃ》となった。

その蕭何のことばの中に、「国士無双《こくしむそう》」ということばが登場する。「国士」とは国を背負って立つ人物、「無双」は「ふたつとない」ということだから、国士無双とは二人といない優秀な人材という意味である。

しかしこのことばを教授が口にされた時に、学生たちは爆笑した。「国士無双」はマージャン用語としても使われ、めったにできない大きな役満《やくまん》である。雀荘に入り浸っていた学生は、まさか漢文の授業で「国士無双」を聞くとは思わず、それで爆笑となったのだが、二十数年たったいま、ほとんど麻雀をしない学生相手に同じ文章を読んでも、きっと笑いはおこらないだろう。それがいいことなのか悪いことなのか、私は判断に躊躇する。

# 鼓腹撃壌《こふくげきじょう》

## ◇気の向くままに生きるのは、はた迷惑!?

世間には「すね者」としか呼べない人たちが、けっこうたくさんいるようだ。まわりがその人のことをあれこれ考え、その人がたいした苦労もせずに生きていけるようにと心をくだいても、自分はそんなことを要求したことなどまったくないといわんばかりに、気の向くままに好き勝手な行動をする。考えようによっては実に幸せな人物だが、まわりから見れば迷惑な存在以外のなにものでもない。

昔々の中国は、行動面でも人格面でも非のうちどころがない聖人が国を治め、平和で穏やかな世の中が実現されていたという。とくに聖人中の聖人とされる堯《ぎょう》が治めていた時には、人々は心から太平の世の中を謳歌することができたそうな。

そんな時代に、一人の老人が道ばたで腹づつみをうち、地面を棒でたたきながらのんびりと歌を歌っていた。

日出而作、日入而息、鑿井而飲、耕田而食、帝力何有於我哉

お天道様が空にあがったら動きだし、お天道様が沈んだらねぐらで横になる。のどが渇いたら井戸を掘って水を飲み、腹がへったら野良仕事してメシを食う。お天子さまなんて、おいらには関係ないさ。

腹づつみをうち、地面をたたきながらの歌だったことから「鼓腹撃壌歌《こふくげきじょうか》」とよばれるこの歌は、晋《しん》の皇甫謐《こうほひつ》が著した『帝王世紀』にはじめて見え、それが通俗的な歴史書『十八史略』に引用されたことから、広く人口に膾炙することとなった。

もともとの出典が歴代の帝王を論評した書物だから、この歌は聖天子堯の御代《みよ》に人々が安楽な生活と平和な暮らしを謳歌できたことをたたえるためのものだ、と考えるべきなのだが、しかし後世にはこれを、世俗的権力とは無縁に自由に暮らす隠逸の楽しみが述べられた歌と理解することもあった。「帝力我においてなにかあらんや」という最後の句が隠者らしさを感じさせるのだが、しかしこの老人が太平の世を楽しめ、苦労もせずに好き勝手をできるのは、いったいだれのおかげだろうか？　彼が謳歌している太平無事の日々は、決して自分の力で達成したものではないはずだ。聖天子が治めていた時代にもすね者はいた。いまの時代に、世をすねたジコチュウがたくさんいるのは当然のことかもしれない。

# 五里霧中《ごりむちゅう》

## ◇「ごり・むちゅう」でなく、じつは「ごり・む・ちゅう」

四字熟語は前と後の二文字ずつにわけて解釈するものだという、いわば信念に近い感覚が私たちの中にはなんとなくある。「四面楚歌《しめんそか》」は「四面」が「楚歌」するわけだし、「臥薪嘗胆《がしんしょうたん》」は「臥薪」した人物と「嘗胆」した人物がいるからその故事ができた。故事成語だけでなく、もっと日常的に使う四文字の単語だって、「焼肉定食」にせよ「立入禁止」にせよ「大量入荷」にせよ「近日発売」にせよ、漢字を四つ並べた表現はほとんどの場合、前と後の二文字で意味のまとまりを作る。

それは中国語がなるべく二文字で単語のまとまりを作ろうとする性格を持っていることに理由があるのだが、しかし中には例外的に、2＋2の構成をもたないものもある。たとえば82頁にとりあげた「一衣帯水《いちいたいすい》」は「一本の衣帯のように細い水流」という意味だから、1＋2＋1という構成をもっている。

「なにがなにやらさっぱり見当がつかない」ことをいう「五里霧中《ごりむちゅう》」も、もともと

「五里にも及ぶ深い霧の中にいる」ということだから、ことばの構成としては2＋1＋1と分析しなければならない。ところがそれを日本語で「ごり・むちゅう」と読むものだから、それにつられて「五里夢中」という誤った書き方をする人が多い。「五里夢中」と書けば、五里すなわち二十キロもの道を、なにかに夢中になって歩いたり走ったりしている、というように考えられてしまう。

後漢の時代に張楷《ちょうかい》という人がいた。世間の信望厚い学者の息子で、彼自身も『書《しょ》経《きょう》』などの経典に通じた学者で、つねに百人を越える弟子をかかえていた。しかし彼は世俗的な栄達には興味も欲望もまったくなく、やがて郷里へ戻って山中に隠居してしまった。

その張楷は、儒学の学問だけでなく「道術」にもすぐれた才能を持っていた。「道術」とは魔法のことで、彼は五里（当時の一里は約四百メートル）の長さにわたって霧を起こすことができたという。当時はあちこちに魔法使いがいて、他に裴優《はいゆう》という者も三里にわたる霧を起こすことができたという。だが張楷は変人で、彼が五里の霧を起こすと聞き、多くの人が彼をたずねたのだが、彼は姿をかくして、決して人に会おうとしなかった。きっと霧の中にひそんでいたにちがいない。

# 子々孫々《ししそんそん》

## ◇同じ漢字を繰り返すとき「々」を使ったワケ

「子々孫々《ししそんそん》」に二回出てくる「々」は、いったいなんと読んだらいいのだろうか？

この問いに対しては、『々』は漢字ではないから、それだけでは読めない」と答えるのが正解である。

漢字にはそれぞれの文字に字形と字音と字義がかならず備わっている。しかし「々」は、「人々」「国々」「時々」「毎々」「家々」と使われるように、読み方が一定していない。それにもともと「々」自身には固有の意味が存在しない。

「々」は「ゝ」や「〃」などと同じく、直前にある文字を繰り返して読むことを指示する記号であって、「踊り字」とか「畳字《じょうじ》」などと呼ばれている。「々」という形は、もともと「同」の異体字である「仝」が変化したものと考えられている。「仝」はれっきとした漢字で、音読みはドウ。盧仝という唐代の詩人がいるが、その名前は日本語では「ロドウ」と読まれる。

文章に踊り字が使われるのは、同じ文字を何度も書くのが面倒だったからにほかならない。いまのように漢字を紙に書いたり、キーボードを使って表示させるのなら、「時時」とか「人人」と書くのもそれほど面倒ではなく、いまの中国語ではそのように書くのだが、しかし文字を書く環境がいまほど便利ではなく、特に石碑に文字を刻むような場合には、たとえ一文字であっても、それを繰り返して書くのがはなはだ面倒だと感じる人がいた。それでそんな時に踊り字が使われたというわけだ。

　踊り字の歴史は実は非常に古く、紀元前一〇〇〇年前後に作られた青銅器に記された文章の中にすでに使われている。古代中国の王や貴族の家では、先祖を祭る時に使う青銅器に、制作の由来や子孫へのメッセージなどを文章で記録した。そんな文章の末尾に、「子々孫々永くこれを宝として用いよ」というフレーズがよく書かれていて、それが「子々孫々」という成語の由来である。ただ実際の青銅器では、その部分は「子二孫二永寶用之」のように書かれていて、「子」と「孫」の下に小さくつけられている「二」のようなマークが踊り字なのである。だが当時の踊り字の使い方から見れば、それはおそらく「子孫子孫」と読むべきであるというのが私の意見なのだが、残念ながらここでは紙数が尽きた。

# 酒池肉林《しゅちにくりん》

## ◇男女の淫らな宴会のイメージ？　でも実は…

伝説によれば、殷《いん》王朝最後の王となった紂《ちゅう》はローマのネロと並び称される暴君で、かずかずの悪行をおこなって人民を苦しめたとされるが、そんな悪業のひとつに「酒《しゅ》池肉林《ちにくりん》」がある。

「酒池肉林」という語には、中年の男がまわりに女性をはべらせて、だらしなくヤニさがっているような淫らなイメージがどことなくあるが、それは「肉」という字を女性の肉体と考えた解釈である。だがこの語の出典である紂の故事に出てくる「肉」は、実は食べる肉のことになっている。

紂王はある時、宮廷の庭にある池に酒をなみなみと充たし、また木の枝に乾《ほ》し肉をたくさん吊るして、夜遅くまで明かりをともして、そこで裸になった男女に盛大な宴会を開かせた。それが「酒池肉林」である。そして裸の男女が夜に野外で遊ぶというのだから、夏に開かれたことは確実である。

人民の苦労を忘れたそんな暴君のために殷はついに滅亡するのだが、ところでこの「酒池肉林」の話では、莫大な浪費もさることながら、夜遅くまで宴会を開きつづけた点も、王の罪悪のひとつに数えられている。電気などによる照明が普及するまで、夜に煌々《こうこう》と明かりを灯すのは非常に贅沢なことだった。ましてや紂は広大な庭園で夜遅くまで宴をはったのである。照明にはおそらくたいまつを利用したのだろうが、それに要した費用もまたかなりのものであったにちがいない。

ごく近年に至るまで人間は日没とともに活動を休止し、翌朝まで休息をとってきた。「夜」という字がそれを表しており、古い字形では《人》と《月》の組みあわせになっている。空に浮かぶ月を眺めながら、人が横になって休息していることを表すのが「夜」である。そんな時間に酒を飲み、肉を食らうのは、自然の摂理に背いたとんでもない行為だった。紂が暴君とされる理由のひとつはここにある。

しかし燃料事情の改善と照明器具の開発・進歩によって、人は夜間にもさまざまな活動をおこなえるようになった。これが人間にとって進歩なのか、あるいは堕落なのかはなかなか難しい問題である。この次に眠れない夜があったら、暗闇の中で一度じっくり考えてみたいものだ。

# 晴耕雨読《せいこううどく》

## ◇本が大量生産されるようになって出来たことば？

貴重な書物をたくさん所蔵しておられる図書館に、ある写本の閲覧を申請したことがある。私が希望したのは国宝に指定されている唐代の写本で、先方は快く許可してくださり、閲覧日時を指定された。ただその時に「もし雨が降っていたり、雨になりそうならお見せできないので、当日の朝に確認の電話をしてほしい」との要請を受けた。この図書館では雨の日は写本を一切書庫から外に出さないと聞いて、本当に書物を大切にしておられることを実感した。ただ私が指定された日は幸運にも朝から青空が広がり、予定通り貴重な書物を存分に見せていただけた。

「晴耕雨読《せいこううどく》」ということばがある。晴天の日は野外で畑仕事をし、雨の日は部屋にこもって好きな書物を読む、そんな悠々自適の生活を表現することばだが、この出典がなかなか見つからない。いろいろな辞典や事典、あるいは索引を調べているのだが、出てくるのは近代以後の作家の小説などに見える用例ばかりで、古い時代の書物にそれが使われたケースを、私はいまだに検出できないでいる。

中国で書物が印刷されるのは十世紀以後のことで、それまでは写本だった。「手書きの本」を現代人はとかく貧相なイメージでとらえてしまうが、印刷の質が向上するまでは、印刷された本より写本のほうが実ははるかに重要視されていたのである。唐代の写本が日本にもたくさん残っているが、ほとんどは麻を原料とした紙を使い、全体が黄色に染められている。黄蘗《きわだ》の種子からとった染料を使ったのだが、黄蘗の種子には紙につく虫を防ぐ毒性があって、その防虫効果はまことに絶大であった。いまも鮮やかな黄色を保つ古代の写本が、紙魚《しみ》による損傷をほとんどうけず、いまも非常に良い状態で保存されているのは、この染色による防虫効果が効果を発揮したためにほかならない。

書物を本当に愛する人は、紙が湿気にさらされることをなによりも嫌った。もちろんいまのように湿度管理の機械がある時代ではないから、雨の日にはできるだけ書物を広げないように心がけていた。「晴耕雨読」とは、写本から印刷の時代になり、書物が大量生産されるようになって、紙に書かれた書物を大切に保護する習慣が薄れてからあとにできたことばにちがいない。

# 青天霹靂《せいてんのへきれき》

## ◇〝地震〟にも通じる「霹靂」の意味

阪神淡路大震災からすでに二十年以上もの時間がすぎた。拙宅も地震を経験したが、周辺ではさいわいに家屋倒壊も火災もなく、家族もまったく無事だったのだが、それでも震災の恐怖はいまもまだ脳裏に鮮明である。

「地震」は文字通り「地が震える」ことだが、しかし雨カンムリがついている「震」はもともと気象に関する文字だった。中国最古の文字学書『説文解字《せつもんかいじ》』は、「震」という字を「劈歴《へきれき》なり、物を振るわすものなり」と解釈する。ここにいう「劈歴」とは「霹靂」、すなわち「青天《せいてん》の霹靂《へきれき》」（晴れた青空に急に起こる雷鳴。突然に起こる大事件のたとえ）という時のそれで、急に激しく鳴る雷のことである。それが「ふるえる」という意味で使われるようになったのは、雷鳴にともなう激しい空気の振動から連想された結果である。

「震」は気象に関する意味を表す《雨》と、シンという発音を表す《辰》からできているが、しかし「震」の他に「振《しん》」や「娠《しん》」、「蜃《しん》」など、《辰》で発音を示される漢字を考えると、そこにはどうやら「揺れ動く」という共通の意味が存在すると考えられる。「振」は手で揺り動かすこと、「娠」は胎児の胎動で、「蜃」を含む「蜃気楼《しんきろう》」とは空気がゆらゆらと揺れる現象である。

蜃気楼を古代中国では海中にいる大きなハマグリが起こすものと考えた。『説文解字』では「蜃」に「大蛤」という訓をあたえている。そしてその大ハマグリは、なんと山に暮らすキジが姿を変えたものであったという。荒唐無稽《こうとうむけい》な話だが、しかしそれは由緒正しい儒学の経典の記述なのである。礼儀作法の基本理念を述べた『礼記《らいき》』(月令《がつりょう》)に、十月に「水は始めて氷り、地は始めて凍《い》て、雉は大水に入りて蜃《はまぐり》となる」という一節がある。キジが海中に入ると「蜃」になるらしい。そしてこの大きなハマグリが海中で吐き出した息が蜃気楼となり、地中で暴れると地面が激しく振動する。古代の中国人はそのように信じていた。

甚大な被害を受けた神戸もすっかり復興し、繁華街もかつてのにぎわいを完全に取り戻した。もう二度とあんな忌まわしい経験はしたくない。だから私はせっせと好物のハマグリを食べて、地震の芽をつみ取ることにしている。

# 漱石枕流《そうせきちんりゅう》

## ◇夏目漱石のペンネームの語源

夏目漱石、本名夏目金之助は一八六七（慶応三）年に生まれ、一九一六（大正五）年に亡くなった。没後百周年と誕生百五十周年が立て続けにきたので、出版界ではいくつもの記念イベントをおこない、テレビドラマにまで漱石が登場した。『坊っちゃん』や『こころ』などの名作を残した多作な作家だったが、享年は四十九歳と十ヶ月だから、意外なほどの早世であった。

多くの人と同じく、私もはじめて読んだ漱石の作品は『坊っちゃん』だった。小学校高学年のころだったからどんな感想を持ったかはあまりよく覚えていないが、しかし高校生のころは『吾輩は猫である』に夢中になっていた。『猫』は昭和の高校生には難解な漢語が頻出するが、それでもへんに気取った外来語が氾濫する文章よりは、ずっと読みやすく感じた。

しかし東京でオリンピックが開かれ、日本がどんどんと経済大国になっていく時代に、明治の文豪に心酔する高校生はかなり珍しい存在だった。「古くさくて時代遅れ」の小説を読む私を友人たちは「へそ曲がり」と評したが、そんなころ京都大学の国語の入学試験（昭和四十三年）に「夏目漱石について知ることを四百字以内で述べよ」という問題が出た。京大の国語はクセが強いと評されるのだが、それにしてもこれはまことに型破りな出題だった。この出題には受験生もさぞや驚いたことだろうが、おりしも漱石を読破しつつあった私には降って湧いた嬉しい話で、神さまはへそ曲がりにも親切に対応してくださると感謝したものであった。

「漱石」というペンネームそのものが「へそ曲がり」な人物に由来する。

西晋《せいしん》の孫楚《そんそ》は俗世間を避けて山にこもり、清らかな隠逸生活を送りたいという願いを述べて、「石に枕《まくら》し流れに漱《くちすす》ぐ」と言うべきところを、うっかり「石に漱ぎ流れに枕す」と言ってしまった。もちろんまちがいであり、友人がその誤りを指摘すると、しかし孫楚は「いや、まちがってはいない。石に漱ぐのは歯を磨くためだし、流れに枕するのは俗なことを聞いてしまった耳を洗うためなのだ」と強弁した。こんな故事から筆名を取った漱石も、きっと大変なひねくれ者だったのだろう。

## 魑魅魍魎《ちみもうりょう》

### ◇魅力の「魅」は本来、妖怪を意味していた

神話によれば、むかし中国に「渾沌《こんとん》」「窮奇《きゅうき》」「檮杌《とうごつ》」「饕餮《とうてつ》」という、難しい漢字を使う名前の四人がいたという。この四人は聖人の子供として生まれたのだが、立派な親をもった子供がぐれてしまうことはよくある話で、彼らは物欲が強く、そろいもそろって不肖《ふしょう》の子ばかりであった。

そこで聖天子であった舜《しゅん》が四人を世界の東西南北の隅に追放し、世界の果てから人間の社会にやってきて危害を加える「魑魅《ちみ》」に対する防御の任務をあたえた。こうして社会には悪人がいなくなり、また怪物もこなくなって、それ以後人々は悪霊に悩まされることもなく、平穏無事に暮らせるようになったという。

ここに見える「魑魅」とは山林にただよう異気から生じる人面獣身の怪物で、妖気を発して人を惑わせ、危害を加えるのを好むという。そしてその「魑魅」は、さまざまのばけものの総称である「魑魅魍魎《ちみもうりょう》」を構成するふたつである。古代ではいたる

ところに広がっていた原生林に、おそろしい魑魅魍魎がみちみちていると、人々は信じていた。ばけものたちは、王や貴族が使った青銅器に装飾として描かれた。伝説によれば、夏王朝《か》を作った禹《う》が、人々に魑魅魍魎の具体的な姿を教え、それから身を守ることができるようにと、青銅器の表面におどろおどろしいその姿を描かせたという。国内の美術館などにも古代中国の青銅器がたくさん所蔵されているが、その外側に描かれた複雑怪奇な意匠は、実は当時の山林や原野に跋扈《ばっこ》していた「物の怪《もののけ》」の姿だったのである。

「魑魅魍魎」の四字にはいずれも《鬼》ヘンがついているが、「鬼」は大きな面をかぶった人をかたどった象形文字で、人が死んだあとの霊魂を意味する字だった。「魅力」とか「魅惑」に使う「魅」にも《鬼》ヘンがある。だから「魅」も本来はばけものを意味する漢字で、「魅」とは人を惑わし、危害を加える妖怪だった。

魅力とは、相手の存在を危うくするほど強く引きつける力のことだ。だから異性の魅力に負けて、身を持ちくずした人は、文字本来の意味に従って行動したということになる。それにしても、身を持ちくずすほどの異性に一度出あいたいものではある。

# 輾転反側《てんてんはんそく》

## ◇昔の人も、眠れない夜に悶々としていた

布団に入ったままなかなか寝つけない、というのは実に辛いものだ。とくに翌日早起きしなければならないという時にかぎって寝つけないことが多く、そんな時は一晩中寝返りをうちつづけ、ふと気づけば夜が白んでいるということすらある。

ゴロゴロと寝返りを打つことを、漢文式の表現では「輾転反側《てんてんはんそく》」という。かつて中国古典に関する知識が必須であった時代にはこのことば小説などにも登場したものだが、最近ではよほどの漢文通でなければ、耳で聞いてわからないのはもちろんのこと、漢字を見ても意味がわからなくなっている。

「輾転反側」は中国最古の詩集『詩経《しきょう》』に見える語句だから、ことばの歴史は非常に古い。『詩経』はもともと三千首以上もあった詩歌の中から、民衆の教化に役立つもの三百篇あまりを選んで孔子が編集したとされ、それぞれの詩にはそれがどのような状況のもとに作られ、どのように人民の教化に役立つか、もっともらしい理屈がつ

けられている。

『詩経』の冒頭に「関雎《かんしょ》」という詩がある。これは水辺にいるミソサザイという鳥の夫婦仲がむつまじいようすを描くことで、君子とその伴侶《はんりょ》のありかたを表現する詩である、と伝統的には説明されてきた。「輾転反側」はこの「関雎」に見え、詩には「窈窕《ようちょう》たる淑女は　寤《さ》めても寐《ね》てもこれを求む　これを求めて得ずんば、寤めても寐ても思い服《おも》う。悠《ゆう》なるかな悠なるかな　輾転反側す」とある。

伝統的な解釈にしたがって大意を述べると、君子はいつも「窈窕」たる、つまりしとやかな娘さんを伴侶にしたいと思い、寝ても覚めてもずっと淑女のことを思い続けている。だけど淑女はなかなか見つからない。それで若君は一段と思いをつのらせて、いつも「輾転反側」しておられる、ということになるだろう。

輾転反側する若君は君子にふさわしい女性をずっと捜し求めるらしいが、私だってこれまでずっと、よき女性をもとめて輾転反側してきた。それはこれからもたぶん続くだろう。ということは、私も君子の一人ということになるのではなかろうか。そう考えると、孔子はなかなかいいことを言ってくれたものだと感謝したくなる。

# 南船北馬《なんせんほくば》

## ◇ジンギス・カンも手を焼いた中国の地形

全ヨーロッパの面積に匹敵するほど広大な領土をもつ中国では、それぞれの地域ごとに自然環境や生活習慣が大きくことなっているが、その地域ごとの差異を中国人は単純に「南北のちがい」と表現することが多い。たとえば北では小麦粉が主食だが、南では米が中心であるとか、北には子供をおんぶする習慣がないが、南にはそれがあるとかというように。

そんな南北の対比を表現する表現のひとつに「南船北馬《なんせんほくば》」がある。これはもともと『淮南子《えなんじ》』斉俗訓《せいぞくくん》に「胡人《こじん》は馬に便にして、越人《えつじん》は舟に便なり」とあるのに基づいた表現で、北は山や平原が多いので馬を使い、南は河川や運河が多いので移動するのに船を利用したことをいう。

馬は北方での最良の交通手段であった。馬に乗れば広い地域を思いのままに移動できた。黄河でさえも、浅いところなら馬に乗ったまま渡ることができた。しかし南では馬がほとんど役にたたなかった。長江とその支流に大きくひろがる低海抜地帯には湖沼《こしょう》や河川、あるいは運河が無数に存在し、そこは船でしか渡れなかった。南部での効率のよい輸送手段は、船しかなかったのである。

かつて大陸の中枢部にあった漢民族王朝が弱体化した時に、長城の北側に暮らす異民族が大陸中央部に侵攻してくるということが何度もあった。しかし侵略の脅威が北方に迫っていた時も、南方にまで異民族の軍隊がやってくることはまれだった。それは北からやってくる軍隊がまず大陸を南下しなければならないという理由だけでなく、南部の地勢が天然の要塞《ようさい》だからでもあった。北から攻めてくる兵は馬に乗ってきたが、水路の多い南では馬が使えない。北では力量を遺憾なく発揮できた騎馬兵も、南では馬から降りて敵の歩兵に立ちむかわなければならなかったのである。

あの無敵のモンゴル軍でさえも、南方には手を焼いた。ジンギス・カンとその大部隊はわずか四年の電光石火の戦いで黄河以北の中国を制圧したが、長江流域から南は、それから五〇年以上もモンゴル支配に落ちなかった。それはひとえに、縦横無尽に水路が走る地形がモンゴル軍の自由自在な移動を不可能にしたからにほかならないのである。

# 南蛮北狄《なんばんほくてき》

## ◇中国は異民族をどう見ていたか

江戸時代を描いた時代劇には「ギヤマン」とか「カステーラ」など「南蛮渡来《なんばんとらい》」ものが登場する。もちろんオランダ商船が長崎に持ってきたヨーロッパ製の品々のことで、将軍や大名あるいは、富裕な大商人などに珍重されたようだが、しかし「南蛮」は最初からヨーロッパを指したのではなく、本来は黄河流域にあった漢民族王朝から見て南方にいた諸異民族のこと、具体的にはいまの広東省からベトナムからあたりにいた民族を意味することばだった。

中国の周辺には、東は朝鮮半島や日本、北はモンゴル、西はチベットや「シルクロード」上の国々、また南にはベトナムなど多くの国が存在したが、その中で中国がずばぬけて質の高い文明をほこり、周辺国家は中国を先進国として、学ぶ対象としてきた。このように東アジア地域において中国が早くから高度に文明化したのは疑いのない事実だが、その文明化とともに中国は政治的・軍事的に優越した地位を保ちつづけ、それはやがて文化的な優越感へと進んでいった。そしてついには自国に「中華」という美称をあたえ、周辺民族に対しては「東夷《とうい》」・「西戎《せいじゅう》」・「南蛮《なんばん》」・「北狄《ほくてき》」という蔑称《べっしょう》を用いて、対等の国家関係を認めないまでに至った。

中華思想では「夷狄《いてき》」が「中華」を慕い、庇護《ひご》を望むのは当然とされ、「夷狄」が中国に反逆することは絶対に許されない。このような意識は二十世紀初めまで根強く残り、近代科学と産業革命を経験したイギリスなどに対しても「野蛮な属国」との外交という意識から抜けきれず、中国に渡った宣教師に対しても一方的に属国の使者が「天子」に謁見する時の礼法を要求するなど、多くの問題を引き起こした。それは最終的に中国の近代化が立ち遅れ、西洋に蹂躙《じゅうりん》される要因とまでなった。

中国から見れば異民族は人間ではなかった。南の異民族「蛮」や、北の異民族「狄」は、それぞれの地域の人間を指す文字であるにもかかわらず、《虫》や《犭》(＝犬)がヘンとされている。「高度な文明生活を営んでいる中原の人たちからから見れば、周辺の異民族などまるで動物と同じだ」という思いあがった中華思想がその漢字の背景にあることはまちがいないのだが、しかしそれに関する中国からのコメントをまだ一度も聞いたことがない。

# 尾生之信《びせいのしん》

## ◇彼女を待ち続けた馬鹿正直者をあなたは笑えますか？

むかし魯《ろ》の国に尾生高《びせいこう》という男がいた。尾生はある女とデートの約束をし、川にかかる橋の下で待ち合わせときめた。男はいくつになってもデートの約束に心おどるものだ。尾生の相手がどんな女だったかはわからないが、彼はきっと彼女に逢える日を指折りつつ心待ちにしていたことだろう。

いよいよデート当日になって、尾生はウキウキと出かけた。デートの際には約束の時刻よりも少し早めに着くのが男のマナーである。よほどのことでもない限り、大切な人を待たせるべきではないと私は思うのだが、尾生がどう考えていたかはもちろんわからない。とにかく尾生は約束の場所である橋の下までやってきた。

しかししばらく待っても彼女はこない。こんな時にあせるのは禁物だ。化粧がうまくのらないとか、着てゆく服が決まらないとかで、彼女が十分や十五分ほど遅れてくるのは当たり前のことだ。それが三十分や小一時間の遅延でも、交通機関の都合ということだって考えられるではないか……。尾生はそれでも約束を守るため、その場を動かない。ほんとに誠実な男だ。そうこうするうちに川の水かさが増してきた。それでも女はこない。水はどんどん増えてくる。だが尾生は約束を守ってその場を離れず、とうとう橋脚を抱いたまま、おぼれ死んでしまった。

この愚直な行動から「融通のきかない馬鹿正直」のことを「尾生之信《びせいのしん》」というようになった。話の出典は『史記』の「蘇秦《そしん》伝」にある。蘇秦は強大化しつつある秦に対抗するために列国に合従《がっしょう》策を説いた遊説家で、「尾生之信」の話も、諸侯に対する弁舌の中でたとえとして使われている。

むろん尾生は嘲笑の対象とされているのだが、私はどうも尾生を笑う気持ちになれない。恋しい女性を待っていれば、自分だって尾生と同じようになるだろうと思うからだ。中国語に「不見不散」といういい方がある。「見《あ》わざれば散ぜず」、つまり会うまでその場を離れないという意味で、いまも中国人が待ち合わせする時にはよく使う。尾生はまさにその「不見不散」を実践したわけで、模範的な人物として表彰されてもいいくらいだと思う。

# 巫山雲雨《ふざんうんう》

## ◇〝男女の情事〟のうち、最も美しい表現

チベット高原に源を発して海に注ぐ長江が六千キロも流れるうち、四川省奉節《ほうせつ》県の白帝城《はくていじょう》から湖北省西部の宜昌《ぎしょう》市南津関《なんしんかん》までの全長二百四キロに及ぶ間は、奇岩や怪岩、巨峰などが連続する息をのむ景勝地である。この部分は両岸の山が水に迫る険しい峡谷で、上流から順に瞿塘峡《くとうきょう》・巫峡《ふきょう》・西陵峡《せいりょうきょう》と名づけられている。これが長江最大の難所「三峡《さんきょう》」だが、いまは河道が整備され大型の定期船まで就航でき、さらには「三峡下り」の名で多数の内外の観光客が訪れるようになった。

三峡のひとつ「巫峡」は、巫山《ふざん》という山からつけられた名前だが、しかし「巫山」と聞けば、昔の中国のインテリはニヤニヤしたものだった。

戦国時代の大国「楚《そ》」の襄王《じょうおう》が雲夢《うんぼう》という地に遊んだところ、不思議な雲が目に入った。その雲は高く立ちのぼったかと思えば低くたなびき、さまざまな形に変化した。不思議に思った王が、随行していた宋玉《そうぎょく》にたずねたところ、宋玉は次のような

話をした。

先王であった懐王《かいおう》がかつてこの地に来たが、疲れたのである館でしばらく昼寝をされた。すると夢に一人の女性が現れ、「自分は天帝の末娘だが、嫁ぐこともなく世を去り、いまは巫山の南に祭られている。いま王がこちらに来ておられると聞いて、お訪ねいたしました。どうぞ私と枕をともにしていただきたいものです」と告げた。王はそこでその女性と情を交わされたのだが、帰る間際に女は、「自分は巫山の南の険しい崖に住んでいます。こうして王と契りを結んだ限りは、朝は雲になり、夕には雨になって、ずっと王をお慕い続けます」と告げた。翌朝に王が巫山の南を眺めると、そこには女が言った通り雲が立ちこめていた。それで王は女を偲《しの》んで廟《びょう》を立て、朝雲と名づけられました……。

この話から、「男女間の深い契り」のことを「巫山の雲雨」という。男女の性行為に関する表現は典雅なものから卑俗なものまで、日本にも中国にも何通りものいい方があるが、しかしこれほど情緒あふれた美しい表現は他には見あたらない。近代西洋文明の浸透とともに漢文に関する素養がどんどん薄れてきたが、しかしこういうきれいな表現だけは、ぜひとも次の世代に伝えていきたいものだ。

# 夫唱婦随《ふしょうふずい》

## ◇いまどき夫が〝そんなこと〟を唱えようものなら…

卒業生の結婚披露宴で新婚夫婦に贈る寄せ書きの色紙が回ってきた時に「夫唱婦《ふしょうふ》随《ずい》、婦唱《ふしょう》夫随」と書いたら、隣に座っていた方が「いいことばですね」とほめてくださった。亭主関白でもカカア天下でもなく、夫婦双方の話し合いで家庭を運営していくべきだという信念を一貫して持ち続けている私にとっては、別に奇をてらったことばでもないいつもりだが、ただその実践はなかなか難しい。

「夫唱婦随」の出典は『千字文《せんじもん》』にある。『千字文』は子供に漢字を教えるための教科書で、要するに「漢字で書かれたいろは歌」だが、「いろは歌」が四十七文字でできているのに対し、『千字文』の方はその名の通り四字一句、二五〇句の合計一千字でできた長文である。

『千字文』は江戸時代の寺子屋で漢字を覚える教科書として、あるいは書道のお手本としてよく使われたから、明治より前に漢字を勉強した経験のある人はだいたい文章を暗記していた。その『千字文』の第八三・八四句に「上下和睦、夫唱婦随」とあるのが、いまの日本でもよく使われる「夫唱婦随」という表現のルーツである。

『千字文』には古い時代に作られた注釈書があり、各句の内容に即した故事がそこに書かれているのだが、「夫唱婦随」については次のような話が見える（小川環樹・木田章義注解『千字文』岩波文庫による）。

後漢の梁鴻《りょうこう》は謹厳な人物で、結婚してから一年以上も妻に対して口をきかなかった。思いあまった妻がそのわけを問うと、美しい服を着て、顔に紅を塗る女など自分の妻ではない、という。そこで妻は、自分は礼儀に厳格な夫の気持ちを察してそうしていたのだが、それがお考えにそぐわないのなら、質素な身なりも用意していますと返答し、華美な服を質素なものに着替え、イバラの冠をつけたので、梁鴻は、それでこそわが妻だと納得した。それが「夫唱婦随」ということである……。

かつてはそんな女性が模範とされたのだが、この話に共感を覚える現代人はきわめて少ないだろう。そういえば、カミさんが有名ブランドの服を買ってくるのはガマンするが、オレまでペアルックにされるのは困るなぁ、と嘆く友人がいたことを思いだした。

# 文房四宝《ぶんぼうしほう》

## ◇文房具マニアは昔の中国にもいた！

中国の書画を収集する美術館では、書道や絵画の作品だけでなく、それらを制作するのに使われた道具類の名品をも収集し展示するのがふつうである。北京と台北にある故宮《こきゅう》博物院には、清《しん》の乾隆帝《けんりゅうてい》をはじめとする皇帝や著名な文人たちが愛用した文房具の名品が大量に所蔵されているし、それほど大きくない美術館でも、ほとんどの場合、硯《すずり》や筆の名品がいくらかは所蔵されているものだ。

しかし西洋では、たとえばナポレオンの遺品といったケースを除いて、文房具はほとんど収集と鑑賞の対象にならない。ルーヴル美術館には大量の名画が展示されているが、パレットや絵筆の「名品」は存在しない。大英博物館には古代エジプトで使われたペンやインク壺が展示されているが、それは古代文明を語る考古学的出土品としての展示であり、芸術的な観点から鑑賞されるものではない。

こう比較してくれば、過去の中国人が文房具を非常に重視し、いかに大切にしてきたかがよくわかる。それは単なる道具ではなく、書や絵画の制作という芸術的活動に従事するための、絶対に欠かすことのできないパートナーなのであった。

中国では芸術活動をおこなう際に使われる筆・硯・墨、紙を「文房四宝《ぶんぼうしほう》」と呼んだ(宋の葉夢得《しょうぼうとく》『避暑録話』にはじめて見える)。「文房」とは政府が発布する文書を管轄する役所だったが、やがて文人たちが書画の制作と鑑賞に熱意を注ぐようになると、調度などにも芸術的趣向を凝らした書斎を文房とよぶようになった。その文房で使われる道具には、「ふだん使い」のものから、実用性よりも愛玩的要素を過度に追求した名品まであり、本来は単なる道具にすぎないもののはずが、それを使って制作した作品にも劣らないほど高い価値をもつものと考えられてきた。

「文字の国」中国には数千年におよぶ文字の歴史があり、それとともに長い文房具の歴史があった。そもそも文房具がなければ文字や絵が書けないのだから、文房具の歴史はとりもなおさず、文字や絵画の歴史と軌を一にするといえる。だが宋代以後には筆や墨が道具としての機能性以外に芸術的観点から評価されるようになり、多くの研究と紹介のための専門の書物が作られた。そこには世界にも例のない幅広くて奥深い趣味の世界が形作られている。

# 庖丁解牛《ほうていかいぎゅう》

## ◇見事に「牛」をさばいた料理人の金言

人類が狩りによって食べ物を確保していた時、もっとも基本的な調理方法は動物を丸焼きにすることだった。獲物がウサギや鳥ならば、丸焼きのままかぶりつけばよいが、しかし鹿くらいになると、焼いたあと肉を切りわけなければならない。そこで必要になるのがナイフで、石器時代にはもちろん石でナイフを作った。こう考えれば、人類史上最初に登場した調理道具はナイフだったということになる。

料理用のナイフを指す「ほうちょう」をいまは「包丁」と書くが、それは戦後の簡略化された書き方で、もともとは「庖丁」と書かれていた。「庖」は料理人を意味する漢字で、『周礼《しゅらい》』（天官）という経書によれば、周の時代には「庖人《ほうじん》」という官職が王の食事に使う家畜や鳥を管理していたという。古代中国には国家公務員としてのコックがいたわけだ。

「庖丁《ほうてい》」とは丁《てい》という名前の料理人のことである。『荘子』（養生主）に見える話では、料理の名人であった丁がある時、王の前で牛を解体した。丁の手さばきはまことにあざやかで、リズミカルに牛刀を動かすにつれて、肉が胴体から面白いようにサクサクと離れた。そのあまりの見事さに感心した王の問いに答えて、丁は「最初はどこから刀を入れていいか、なかなかわかりませんでした。それが三年ほどたつと、牛のそれぞれの部分が見えてきて、刀を入れる場所がわかってきました。いまではいちいち牛の体を目で見るのではなく、自然のままの精神を会得することで、牛にはじめから備わっている筋目が見えるので、そこに刀を入れればスムーズに解体できるのです」と語ったという。

この「庖丁」の話は『荘子』では「庖丁 文恵君《ぶんけいくん》の為に牛を解く」という文で始まるが、この「解」も牛の解体を示すそのものズバリの漢字である。「解」は字形からもわかるように《牛》と《刀》と《角》とからできており、牛のツノを刀で切り落としているさまを表わす。だからその本来の意味は牛を解体することで、このようにものを切りわけることから「分解」の意味をもつようになった。もしもこの漢字が日本で作られていたら、《牛》の部分がきっと《魚》になっていたことだろう。

## 蒙《もう》恬《てん》作《さく》筆《ひつ》

### ◇気の利いた部下はいつの時代にもいるものだが…

戦国時代のある国で、権力をにぎっていた皇后が重い病にかかった。このまま皇后が世を去れば国の一大事と心配した重臣が、いまわの際に病床にかけつけた。

「おきさきさま、しっかりなさいませ」

「おぉよくきた、そなたに伝えておきたいことがある。わらわ亡きあとに後を託すべき者の名は……」

「し、しばらくお待ちくださいませ。ただいま書き記しますゆえに」

「うむ、それがよい」

かくして重臣は「筆と牘《とく》（幅の広い木の札）を取りて言を受け」、皇后の遺言を記録したという。

戦国時代の物語を記した文献『戦国策』（斉策六）に見える話である。権力者が臨終の場で後継者の名を挙げるのはどこにでもあることで、また家臣が筆と牘で皇后の話を書き記すというのも、紙がまだなかった時代だから当然である。

しかし過去の中国人は、この家来が筆をもっていることが不思議だったにちがいない。というのは、筆は秦《しん》の始皇帝時代の有能な将軍であった蒙恬《もうてん》が発明したとされているからで、始皇帝が戦国時代を統一する前の時代の人物が筆などをもっていると、話がややこしくなってしまうのだ。

もちろん「蒙恬作筆説」は単なる伝説であり、ありとあらゆるものに作られる発明発見伝説のひとつにすぎないのだが、この「蒙恬作筆説」の出典は、唐宋八大家の一人で、中国きっての名文家とされる唐の韓愈《かんゆ》（七六八―八二四）が書いた「毛穎伝《もうえいでん》」という文章らしい。この文章のタイトルにある毛穎の「穎」とは「穂先」を意味する漢字だから、毛穎とはほかでもなく毛筆という意味だった。

もちろんいまではこんな話を信用する人はおらず、実際に戦国時代の楚で使われた筆が発見されている。湖南省長沙《ちょうさ》にある左家公山《さかこうざん》第十五号墓から発見された「長沙筆」は全長が二一センチ、竹軸の先端がこまかく裂かれ、そこに上質の兎《うさぎ》の毛を束ねた穂先がさしはさまれて細い糸で縛られ、根元が漆《うるし》で固められていた。皇后の遺言を書き取ったのもきっとそんな筆だったのだろう。

## 孟母三遷《もうぼさんせん》

### ◇元祖・教育ママの意外な悩みとは?

塾に行くのをいやがる子供を折檻《せっかん》して、ついには死なせてしまったという事件があった。殺人容疑で逮捕された母親もそこまでになるとは思わなかっただろうが、テレビや新聞でも、いくらなんでもやりすぎだという論調がほとんどであった。

塾にいくのをいやがる子供をしかりつける母親はいたるところにいる。むしろ、そうでない母親をさがすほうが難しいだろう。とかく世間の母親は子供に向かって「勉強しなさい!」と叫ぶのが日課になっているようだ。塾などほとんどなかった時代に育った私から見れば、子供が勉強しないのを見ているのは、母親としてそんなに辛いことなのだろうか、と思う。私が子供だったら、「お母さんが子供の時には勉強ばかりしていたの?」と憎まれ口のひとつもたたきたいところだが、しかしそれだって下手をすれば命がけの行為になるのだ。

「教育ママ」ということばが使われるようになったのはいつごろからなのだろう。少なくとも私が高校生だった昭和四〇年代前半には、まだそんなことばはなかったような気がする（もちろん私が知らないだけかも知れないが）。そして世間でよくいわれる話だが、教育ママの元祖は、なんといっても孟子《もうし》のお母さんである。

孟子の一家ははじめ墓地のそばに住んでいた。墓地では頻繁に葬式が執りおこなわれるので、孟子少年は葬式のまねばかりして遊んでいた。困ったことだと考えた孟子のお母さんは、次に市場のそばに引っ越した。すると孟子は商人のまねをして遊びはじめた。商人のまねをしてどこが悪いのかと私などは不思議に思うが、孟子のお母さんには、それはやはり困ったことだった。それで今度は学校のそばに転居した。すると孟子は「学校ごっこ」をしはじめたので、孟子の母はたいへん喜んだという。

ただし当時の学校は国語や算数のような「お勉強」の教科を教えるわけではなく、さまざまな儀式のやりかたを教えるところだったので、孟子はお祭りに使う道具（らしきもの）を並べ、見よう見まねでお祭りや宴会の時の作法をまねて遊んでいたわけだ。孟母はそれで満足したが、現代の教育ママなら、きっとまた別のところに引っ越しをくわだてるにちがいない。

# 病入膏肓《やまいこうこうにいる》

## ◇〝はまる〟の知的な言い換え

どのようなものであれ、個人が趣味で楽しむことは、家族や周囲の友人に迷惑をかけない程度なら大いにかまわないし、推奨されるべきことだが、それが極度に嵩《こう》じた場合には身の破滅につながることもある。知人の親戚に、朝から晩までずっと通販で買い物をしている人がいるそうで、深刻な顔つきでちょっと悲惨な話をしていた。

いつのころからか、ものごとに過度に熱中することを「はまる」というようになった。「はまる」はもともと「川にはまる」とか「ワナにはまる」とか、一段低いくぼみや穴の中に落ちることをいう動詞で、その派生的な意味として、なにかに夢中になったあまり、身動きが取れないほどの状態になることを意味するようだ。

このような状況を、かつては「病　膏肓《こうこう》にいる」ということばで表現した。話は春秋戦国時代のエピソード集『春秋左氏伝』（成公十年）に見える。

晋の景公《けいこう》はしばらく病に臥せっていたが、病状が一向によくならないので、隣国の秦から緩《かん》という名の医者を呼び寄せて診させることとなった。

その医者が来る前の夜に、景公は夢を見た。夢の中に二人の子供が現れて、なにやら相談をしている。聞けば二人は「病の精」であり、まもなく秦からくる緩は名医だから、自分らは退治されてしまうかもしれないが、しかし体内の「肓の上、膏の下」に逃げこめば、そこへは鍼《はり》も届かず、薬も効かないので、いますぐそこへ逃げこもうと病の精は相談した。

夜が明けて秦からやってきた緩は、さっそく景公を診察し、そしてうかぬ顔で、「殿様の病は、肓の上、膏の下に入りこんでおり、その部分はどのような方法でも治療ができません」と告げた。

緩の見立てが夢に見た通りだったので、景公は彼を世間の噂通りの名医であるとたたえ、自身の病気も忘れて多くの褒美をあたえて帰国させたという。

その話から「手のつけようがない病状」を「病　膏肓にいる」というが、漢方医学でいう「肓」は横隔膜、「膏」は心臓の脇にある脂肪で、いまならそこが病巣になっていても、MRIで見いだせるとのこと。景公は生まれた時代が悪かったようだ。

## 夜郎自大《やろうじだい》

### ◇いわゆる〝井の中のカワズ〟

自分に近い範囲の中だけで地位や権力を誇っても、世間からは物笑いのたねになるだけだ。どこにでもいるそんな人物のことを、日本語では「井の中のカワズ」と表現し、かつての中国では「夜郎自大《やろうじだい》」と呼んだ。「夜郎」は前漢時代に現在の貴州省《きしゅう》北西部にいた民族だが、彼らが後世にずっと不名誉な格言を残すこととなったのは、前漢の領土拡張政策のせいだった。

前漢の武帝は、豊かな財政をバックに領土の拡張に積極的に挑んだ。武帝が北方の遊牧民「匈奴《きょうど》」と激しく対立して、西域地方、いわゆるシルクロードの開発を大きく進めたことはよく知られているが、武帝はまた西南地域への拡大にも熱心で、いまの広東・広西両省からベトナム北部まで領有していた「南越国《なんえつ》」を攻撃した。

武帝は四川《しせん》方面から南越に圧力をかけ、そのルート上に位置する夜郎国に拠点を置こうと考えた。そのため夜郎国に使者を派遣したが、その使者に対して夜郎の王は、

「漢と夜郎とではどちらが大きいか」と問いかけた。それが「夜郎自大」（夜郎　自らを大とす）の由来である。

前漢時代に中国西南部にあった国々については、『史記』西南夷《せいなんい》列伝に詳しい記述があるが、その冒頭に「西南夷の君長は什（＝十）を以て数えるも、夜郎最も大なり」と記されているから、それなりに大きな国だったらしい。しかし比較の相手である漢は、当時においては西のローマ帝国と並ぶ世界最大の国家であった。だから夜郎王の発言は無邪気なまでに身の程知らずなのだが、しかし情報網が未発達であったその時代に、漢帝国の広大な版図《はんと》と力量を正確に認識していなかったのは、夜郎王だけではなかった。

前掲の『史記』に「滇王《てんおう》　漢の使者と言いて曰く、漢は我と大なることいずれぞと。夜郎に及ぶもまた然り。道の通ぜざる故《ゆえ》をもって、各自もって一州の主と為り、漢の広大なるを知らず」とあるのによると、武帝の使者はまず滇国に行ったようだ。滇は現在の雲南省にいた民族だが、自国と漢のどちらが大きいかという質問を先に発したのは、実は滇王だった。だから熟語としては本来は「滇王自大」であるべきで、それがなぜ夜郎に置き換えられたのか、私にはその理由がわからない。

# 羊頭狗肉《ようとうくにく》

## ◇もともとは「羊」でも「狗（イヌ）」でもなかった

世界的な視野で見れば、羊は食用にされる動物の代表といっていいほどによく食べられている。もちろん中国も例外ではなく、いまの日本でよく使われる成語「羊頭狗肉《ようとうくにく》」にも登場する。

しかしこの成語はそのままの形では文献に見えず、ことわざや格言を研究した書物によれば、それは『晏子春秋《あんししゅんじゅう》』に見える「牛首《ぎゅうしゅ》を門に懸《か》けて内に馬肉を売る」が、いつの間にか変化したものであるという。

『晏子春秋』の話というのはこうだ。斉《せい》の霊公は男装をした女性を好んだ。それで国中の女性が男装するようになったので、霊公は「女でありながら男の服装を着る者は、その衣服を破り、帯を切る」という布告をだした。だが厳しい禁令にもかかわらず、男装の風潮はいっこうに改まらなかった。そこで霊公が、賢者のほまれ高い晏子《あんし》に尋ねたところ、晏子は「殿は宮女には男装させておいて、外の女性には禁止しておられます。それはまるで『牛の首を門に懸けておきながら、内側で馬肉を売る』ようなものので、まず宮中から姿勢を正すべきです」と答えた。霊公がその通りにすると、女性が男装をする風潮はそれから一ヵ月ほどでなくなったという。

この話に見える「牛首を門に懸けて、内に馬肉を売る」の「牛」を「羊」に、「馬」を「狗」に置き換えたのが「羊頭狗肉」である。

いまの中国語ではイヌを「狗」と書く。この成語にあるように、中国にはもともと犬肉を食べる習慣があり、いまも一部の地域で食肉として店頭で販売されている。

清《しん》の末期のこと、中国に駐在するあるイギリス人外交官がペットとして飼っていた愛玩犬が、品評会で優秀な成績をおさめた。そのことを清朝政府の高官がたいへんに褒めるので、気をよくした外交官は、その犬に子供がうまれると、さっそくだんの高官に生まれたばかりの子犬をプレゼントした。その後しばらくして、そのイギリス人のもとに高官から一通の礼状が届いたのだが、その手紙の文面には「この度は珍味のご馳走にあずかり、まことにかたじけなく」云々と書かれていた。一説によると、高官とは日清戦争で日本との講和条約を締結した李鴻章《りこうしょう》であったという。

# 3章

## つい人に話したくなる！
# 慣用句編

## 鬼《おに》の霍乱《かくらん》

### ◇「霍乱」はこんなに怖い病気のことだった!

学生時代のこと、私たちの研究室に香港からの留学生L君がいた。L君は当時非常に人気があったキャンディーズの大ファンで、土曜日の夜はキャンディーズがレギュラー出演するザ・ドリフターズの人気番組「8時だヨ!全員集合」を見ることを無上の楽しみにしていた。

L君は酒が強く、食べることも大好きだったからコンパの常連メンバーだったのだが、あるときコンパがたまたま土曜日に開催されることとなった。彼はちょっと迷ったが、やはりキャンディーズを見るために、コンパ参加を見送った。もちろん学生の下宿に留守番録画ができるビデオデッキがあるということなど、まったく考えられなかった時代である。

翌週の月曜日に「土曜のコンパは盛りあがりましたか?」とたずねるL君に、仲間の一人が「いやぁ、今回はいつも大騒ぎするAが不参加だったから、妙に静かだった」とつげ、L君は驚いて私の方を振りかえり「どうしたの？」とたずねた。Aとは私のことだったのである。彼の問いに対して「いやちょっと風邪をひいたので、大事をとったんだ。でももう大丈夫、まぁ『鬼の霍乱《かくらん》』というやつかな」と答えると、彼は「オニノカクラン」ということばがわからない。それで漢字で「鬼の霍乱」と書いて見せると、L君の顔色がたちどころにかわった。「そんな……重病だし、大学なんか来てたらダメじゃないか！」ときつい口調で私をたしなめる。重病だなんて、とんでもない、クスリ飲んで寝てたらもう治ったよと答える私をにらみつけながら、「霍乱はクスリなんかでは治らないよ！」とL君はなおも強くいう。

話がどうも食いちがうので、近くにいた友人が辞書を引き、ようやく誤解がとけた。「霍乱」は中国語では「コレラ」という意味だったのである。

ふだんはまったく元気そのもので、病気などしそうもない者がたまたま病気になったことをいう「鬼の霍乱」の「霍乱」は、日本でおこなわれてきた漢方医学では日射病や暑気あたり、あるいは夏風邪などの症状を指し、決して重大な事態にいたる大病ではない。コンパに参加しなかった私が罹患《りかん》した「霍乱」を「コレラ」と理解したL君があわてたのも当然である。

# 佳境《かきょう》

## ◇芸術家にとって〝だんだんよい状態になる〟とは？

「法華《ほっけ》の太鼓」を見なくなってもうずいぶんになる。数人の日蓮宗の門徒が、お題目を唱えながらうちわ太鼓を鳴らして町中を進む光景を、かつてよく見かけたものだ。太鼓の音はしだいに大きくなりがちだった。太鼓をたたく人は、時間とともに法悦《ほうえつ》の状態に達し、ばちを持つ手に力が入って、音が大きくなったのだろう。

なにかをしている時に精神的状態がしだいに上向きになって、だんだんと面白いところに到達する、あるいは興趣が増してくることを「佳境《かきょう》に入る」という。「佳」は「佳作」や「佳人」という語にも使われているように「よい」とか「すぐれた」という意味の字で、「境」はこの場合「状態」というほどの意味である。だから「佳境」の二字で「よい状態」という意味になるのだが、この熟語に関しては高名な画家である顧愷之《こがいし》（三四六頃～四〇七頃）の奇行にまつわる話がよく知られている。

中国史上もっとも有名な画家の一人である顧愷之は仏教画や山水画を得意とし、特に人物画に巧みで、代表作に「女史箴図《じょししんず》」や「洛神賦図《らくしんふず》」などがある。彼の伝記は『晋書《しんじょ》』の「文苑伝《ぶんえんでん》」というところにあるが、「文苑伝」とは文学的才能のすぐれた人物を集めた伝記であって、そこに顧愷之が入っていることから、彼が画家としての才能だけでなく、文才においても傑出していたことがわかるが、その伝記の末尾に、世人が彼に対してあたえた「愷之に三絶《さんぜつ》あり、才絶、画絶、痴絶《ちぜつ》なり」という評価が記されている。「絶」とは並外れた才能をいう語で、愷之の「才絶」と「画絶」は理解できるが、のこるひとつの「痴絶」とは、「人並みはずれた馬鹿さかげん」ということであった。

この時代の文学者や芸術家には奇行が多く、顧愷之も例外ではなかった。学者や文人のエピソード集である『世説新語《せせつしんご》』によれば、顧愷之は甘蔗《かんしょ》（さとうきび）をいつも根元の方からかじって食べた。不思議に思った人がなぜそんな食べ方をするのかとたずねたところ、愷之は「漸《ようや》く佳境に入る」と答えた。こうすればだんだんといいところに入っていく、というのである。

まずおいしいところから箸をつけ、まずいところは残す、というのは凡人の食べ方で、それでは芸術家への道はけわしい、ということなのだろうか。

# 花柳界《かりゅうかい》

## ◇「柳」が色街と縁のある理由

日本人は桜の開花とともに春の到来を感じるが、しかしどこの国でも桜が咲くわけではない。それぞれの国や地域には独自の風物詩があって、中国北方では「柳絮《りゅうじょ》」、すなわちワタのような柳の種子が風に舞い、まるで雪のように空一面にふわふわ漂い出す時に春の到来を感じるそうだ。

柳は古くから中国人に親しまれていて、いまも街路樹としてあちらこちらに植えられている。柳は暑い季節には、ひんやりとした木陰を作ってくれる。太陽が照るつける夏の昼間に、柳の木蔭に腰をおろして汗をぬぐう旅人に、どこからともなく一陣の涼風が吹きよせてくるという光景は、それを横から見ている者にまでさわやかさを感じさせてくれる。

柳はまた、旅立つ者との別れを惜しむシンボルとしても使われた。

渭城《いじょう》の朝雨《ちょうう》は軽塵《けいじん》をうるおし

客舎《きゃくしゃ》は青々《せいせい》として　柳色新たなり

唐の王維《おうい》が作った有名な詩の一節で、旅に出る友人を送る歌として、中国ではいまも送別会などでよく朗誦《ろうしょう》される。詩に登場する渭城は、渭水《いすい》という大きな川のほとりにある町で、長安から西（つまりシルクロードの方向）に向かう人は、送ってきてくれた友人とそこで別れて旅立った。見送る人は、柳の枝先で輪を作って旅立つ人に手渡した。「柳《リュウ》」は「留《リュウ》」と同じ発音で、「留」には「気にとめる・なつかしむ」という意味がある。輪を中国語では「環《ホワン》」といい、「環」は「還《ホワン》」（かえる）と同音である。すなわち柳の輪には、「あなたが一日も早く帰ってくるように気にかけています」という意味がこめられていたのである。

柳の輪に託された気持ちには、快適な旅行しか知らない現代人が忘れてしまった美しい心情が秘められている。だが同じ柳でも、色街での疑似恋愛となれば純粋さがほとんど感じられない。中国では色街の並木としても柳がよく使われた。だから色街を「柳巷花街《りゅうこうかがい》」といい、これが日本語の「花柳界」の語源となった。妓女《ぎじょ》が遊客のために柳で輪を作っても、そこに居続けてお金を使ってくれるようにとの願いをこめたものとしか思えないのは、やはりもてない男のひがみなのだろうか。

# 完璧《かんぺき》

## ◇なぜ「土」でなく「玉」なのか

学校から帰ってきた娘が、非常にくやしそうな顔をしている。聞けば漢字の書き取りの小テストがあって、今日こそは久しぶりに満点がとれたと思ったらひとつまちがいがあったとのこと。どんな字をまちがったのかと答案を見ると、「かんぺき」を「完壁」と書いていた。まぁ世間にはよくあるまちがいで、これを機会に覚えておけばいい、となだめたのだが、娘は、「璧」なんかこの熟語しか使わないし、いっそ「完壁」と書けばいい、それに「完全な壁」だったら意味の面でもちょうどいいではないか、と主張した。

なにを無茶なことをとあきれた私は、「璧」とはなにかを話し、「完璧」の語源を説いて聞かせようとしたのだが、娘は「まぁいいわ、どうせパソコンならちゃんと変換してくれるんだし」と、私の説明などまったく聞いていないようだった。

「璧」は玉器の一種で、いろいろな大きさのものがあるが、ドーナツ状の薄い玉の真ん中に穴があいていることに特徴がある。新石器時代の遺跡からもたくさん発見され、玉《ぎょく》のなめらかな光沢を好んだ中国の権力者が古くから愛好した装身具である。穴にはひもを通して腰にまきつけ、腰からぶらさがった何枚かの璧が、歩くにつれて涼やかな音をたてる、その風情を古代人は楽しんだようだ。

戦国時代の大国趙《ちょう》には「和氏《かし》の璧《へき》」とよばれる名宝があり、勢力をのばしつつあった秦《しん》がそれに目をつけた。やがて秦から、秦の領内にある十五の「城」（都市のこと）とその璧を交換したいとの申し入れがあった。むろん秦は城を趙に渡す気などなく、それをエサに天下の名宝を奪い取ろうとたくらんだのである。

趙は機知と勇気に富んだ藺相如《りんしょうじょ》を使者として派遣した。持参した璧を秦王に渡した藺相如は、秦王に城を渡す意図がないことを見てとると、「実は璧には小さな傷がある」と告げて手元に取り戻し、交換の約束を実行しないなら璧をこの場で壊してしまうと脅して璧の強奪を防いだ。この見事に「璧を完《まっと》うした」故事から、ある事物や行動が完全無欠であることを「完璧」とよぶのだが、最近では「カンペキ」とカタカナで書かれることが多くなった。それでも「完璧」と書くよりは、はるかにましではある。

# 牛《ぎゅう》耳《じ》を執《と》る

## ◇主導権を握る者が「牛」の「耳」をつかんだワケ

政治のニュースを見ていると、時々わけがわからなくなってしまう。△△という代議士は、先日まで◎◎党の議員だったはずなのに、いつの間にか□□党の議員としてニュースに登場している。あるいは、ついこの間まで☆☆党という政党があったのに、それが※※党と合体して、あらたに#＃党という政党が誕生したらしい……。

そもそも政治家という人種には、議席さえ維持できるのだったら信念や公約などたちどころにひるがえし、さっと次のバスに乗り換えられるという、常人には真似のできない独特の「才能」があるのだろう。さらには海千山千の猛者《もさ》が身のまわりうじゃうじゃいる中を、スイスイとたくみに泳ぎわたっていける能力がないと、あの世界では生きていけないにちがいない。

さまざまな権謀術数がうずまく政界をマスコミはしばしば日本や中国の戦国時代にたとえるが、戦国時代の領主たちには誠実で確固たる信念があった。日本の政治家などといっしょにされたら迷惑だと、彼らはあの世で腹を立てていることだろう。

全国が弱肉強食の状態にあった中国の春秋戦国時代では、全国を支配する覇者《はしゃ》の地位を求めて攻防が繰り返されたが、その動きの中で彼らはしばしば近隣の諸国と同盟を結んで、緊張の緩和をはかった。このように王たちが同じ所に集まって同盟を締結することを「会盟《かいめい》」といい、結ばれた誓約書を「盟書《めいしょ》」という。

文献によれば、同盟を結ぶ時にはまず盟書を読みあげて確認し、次に生けにえとする牛の耳から生き血を取って、それを同盟に参加した者全員がすすった（実際には唇に塗るだけのことが多かったようだ）。

ある団体や組織の中で主導権を握って行動することを「牛耳《ぎゅうじ》を執《と》る」、またそれを縮めて「牛耳《ぎゅうじ》る」というのは、この同盟の主催者が牛の耳をつかんで会場に入り、みずから牛の耳に刃物をあてて生き血をとったことに由来する。

こうして「血の結束」を誓ったあと、牛を地中に埋め、上に盟書を置いて、記録された内容を神に誓った。永田町界隈でも、ぜひとも敬虔《けいけん》に「盟書」を埋めてもらいたいものだ。

## 稽古《けいこ》

### ◇もともとは、本を読んで学ぶ、という意味だった

お稽古ごとといえばかつては茶道と華道、それに料理や書道などが中心だったが、最近はフラダンスやフラメンコなどもあり、ずいぶんさまがわりしつつあるようだ。

この「稽古」ということばは成立が非常に古く、出典は『書経《しょきょう》』という文献にある。『書経』はいわゆる「四書五経」のひとつで、儒学の基本的な理念を述べたもっとも基本的な書物で、伝説では孔子の編とされるが、もちろん信用できない。内容は堯《ぎょう》や舜《しゅん》という伝説上の聖人から秦《しん》の穆公《ぼくこう》（前六二一年没）に至るまでの聖人や王が重要な機会ごとに発した「おことば集」である。かつての儒学では聖人の教えを記した神聖な書物とされ、現代的な視点で眺めても、古代中国の政治や思想の流れを考えるための重要な書物である。

さてこの『書経』冒頭にある「堯典《ぎょうてん》」の最初に、「曰若稽古、帝堯曰放勲」という難しい漢字が並んだ一節がある。『書経』の文章ははなはだ難解で、特に伝統的な注

釈では、「曰若稽古《えつじゃくけいこ》」という出だしの四文字だけについて、すでに膨大な量の説明が加えられている。

それによれば「曰若稽古」とは「ここに古《いにしえ》を考えるに」という意味とするのがもっともオーソドックスな解釈である。おそらく昔の物語を語る時の出だしの文句、つまり「いまはむかし」に相当する表現だろうが、これが他でもなく現在の日本語で使われる「稽古」の出典である。「稽」には「考える」という意味があるから、「稽古」とは古代の書物を読み、そこから聖人の教えを学びとることを意味していたのだった。

しかし現実には、人はなにかご褒美がないとなかなか「稽古」しないものだ。そのため過去の中国では、現実的な利益をエサに古代文献を学ばせようとすることが珍しくなかった。後漢の儒者であった桓栄《かんえい》は、皇太子専属の家庭教師に任命された時に学生を集め、彼らの前に皇帝から賜った車や馬、あるいは印章などを並べて、「今日までに頂戴したさまざまなものは、すべて『稽古』のおかげである。お前たちもしっかり勉強するように」と訓示をあたえたという（『後漢書』桓栄伝）。「稽古」とご褒美は、昔から不即不離の関係にあったのである。

# 硯友《けんゆう》

## ◇「すずり」がなぜ幼なじみにつながるのか

あるパーティでさる財界人と話していて、「いやぁ、○○君はボクの『すずりとも』でねぇ」とつげられた。え？　なに？　とちょっと考えてから、あぁ、硯友《けんゆう》のことか、とわかった。「硯」という漢字はふだん「すずり」という訓読みしか使わないから、幼少時に寺子屋で机を並べて、いっしょに手習いの勉強した幼なじみを意味する「硯友」の読み方がわからなかったようだ。「硯」は《石》で意味を示し、《見》の部分でケンという発音を表している文字で、音読みは「ケン」である。

寺子屋での手習いには筆と墨と硯と紙が必要だったが、その道具の中でいま発見されている最古のものがあるのは硯である。一九七二年に西安の近くにある新石器時代の遺跡「姜寨《きょうさい》遺跡」から発見された硯は、紀元前四〇〇〇年前後のものと推定されるが、それは大きな石の中央部分に直径七センチ、深さ二センチのくぼみをあけたもので、顔料をすりつぶすための石棒とラッパ状の水差しがいっしょに発見された。

硯を定義すれば、石や瓦の表面を平らに研磨し、煤を練り固めた墨を磨りおろすことができるように、細かく目を立てたものとなる。硯の本質は固形の墨を磨れる石であることなのだが、のちの「文房四宝」をめぐる華麗な芸術では、石の産地や彫刻の模様などによってさまざまな分類がおこなわれた。中でも有名なものとして、端渓《たんけい》硯、歙州《きゅうじゅう》硯、洮河緑石《とうがりょくせき》硯、澄泥《ちょうでい》硯などが名品とされる。

中でも端渓硯（広東省肇慶《ちょうけい》近くを流れる「端渓」流域に産する石で作った硯）が北宋あたりから文人に珍重されたが、これは漱石の『坊っちゃん』にも登場するから、書画と無縁の人にもよく知られている。東京から四国の松山に教師として赴任した「坊っちゃん」がはじめに下宿した宿の主人は骨董屋を営んでいた。宿の主人はすきあらば坊っちゃんのところに顔を出し、いろいろな骨董を売りつけようとした。ある時は鬼瓦ぐらいな大硯を担ぎこんで、「これは端渓です、端渓です」と二遍も三遍も端渓がるから、面白半分に端渓た何だいと聞いたら、すぐ講釈を始め出した」。辟易した坊っちゃんが値段を聞くと、主人は「お安くして三十円にしておきましょう」と答えた。その時坊っちゃんの月給は四十円だった。硯は高いものなのだ。

## 郊外《こうがい》

### ◇本来は〝無限の原野〟を指していた！

「郊外の一戸建て」はマイホームの究極の目標である。たしかに騒音と雑踏にあけくれる都心とちがって、「郊外」にはまだ自然と豊かな緑が残っていて、気持ちがやすらぐのはたしかだ。通勤に時間がかかるという難点はあるものの、都市の「近郊」に暮らしたいという希望を多くの人がもつのも当然であろう。

この「郊外」ということばにある「郊」も、もともとは古代中国での地域の呼び名に由来する場所だった。古代中国では人々は周囲を壁で囲まれた内側に暮らしていた。壁とはいっても、最初は土を積みあげて固めただけの簡単なものだったが、時代が進むにつれて、やがて干乾《ひぼ》し煉瓦《れんが》などで作った頑丈なものとなった。これが過去の中国の都市を取り囲んでいた城壁で、北京でも戦前までは残っていたし、西安や南京ではいまも部分的に大きな城壁が歴史的な遺跡として保存されている。

城壁に囲まれた集落を「邑《ゆう》」と呼んだ。人々はすべてこの邑の中に暮らしており、農民も城壁をくり抜いて作られた門を通って、邑の外側にある田畑へ農作業に出かけたのだが、門は日暮れとともに閉じられたから、日没までには必ず邑の内側に戻らなければならなかった。だから夜になると、邑の外は無人地帯となった。

この邑から五十里（約二十キロ、当時の一里は約四百メートル）離れたところを「近郊」、百里（約四十キロ）離れたところを「遠郊」と呼んだ。つまり「郊」とは町はずれの地域を指し、そこは暮らす人などまったくいない無人の原野だった。

郊では天と地の祭りが定期的におこなわれた。規定によれば、天子は冬至には南郊で天を、夏至には北郊で地を祭ったという。またＶＩＰが遠くから自国を訪れる時には、郊まで出迎えに出るのが作法であった。戦国時代の高名な思想家である鄒衍《すうえん》が梁《りょう》を訪れた時には恵王《けいおう》が「郊」まで出迎えに出ているし、また同じく戦国時代の思想家である蘇秦《そしん》が洛陽に来た時には、立身出世を遂げた息子を迎えるために両親が「郊」の外三十里のところに出迎えのための宴席を出させたという。

郊とは相当に遠い町外れであった。「郊外」はそのさらに外側なのである。現代人でも、さすがにこのような「郊外」に暮らしたいと思う人はめったにいないだろう。

# 庚申堂《こうしんどう》

## ◇徹夜で語り明かす場所をこう呼んだのはなぜ？

「老人の原宿」と呼ばれる巣鴨の地蔵通り商店街をひやかしながら歩いて行くと、やがて庚申塚《こうしんづか》という小さなほこらにつく。ここは旅人の神とされる猿田彦大神《さるたひこのおおかみ》を祭ったお社で、かつては中山道板橋宿に入る前の休憩所としてにぎわい、いまも都電の停留所「庚申塚」があって、そこで電車を降りて庚申塚からとげぬき地蔵へお参りにいく人もたくさんおられる。

日本語で「庚」という漢字を見かけるのは、この庚申塚（また庚申堂とも）くらいである。「庚」は甲・乙・丙ではじまる「十干《じっかん》」の七番目で、訓読みは「かのえ」、その「庚」が十二支の「申《さる》」と組みあわされる日が「庚申」で、六十日にいちど回ってくるが、江戸時代末期まで庚申の夜には特別の行事がおこなわれていた。

中国の民族宗教である道教によれば、人の体内には三匹の尸虫《しちゅう》という虫が棲みついているという。この虫はけしからんやつで、ふだんは体の中でじっとしているのだが、庚申の夜になると、人が眠ったあと口から抜け出して天に昇り、天帝に悪口を言って、ふたたび戻ってくる。六十日に一度とはいえ、天帝に悪口をいわれるのはだれだってかなわない。だから虫を空に昇らせないように、庚申の夜は朝まで眠らない、という風習がいつの間にかできた。しかしいまのようにテレビやビデオなどの娯楽がある時代ではないし、まして電気すらなかったのだから、朝まで起きているのは大変なことだった。

そんな状況で徹夜するためのもっとも簡単な方法は、近所の人々といっしょに朝まで飲み食いしながら語り明かすことだった。そのときに使われた場所が、やがて「庚申塚」とか「庚申堂」と呼ばれるようになった。

こうして村では庚申の夜は仲間とともに徹夜で過ごす習慣ができたのだが、それとは別にもうひとつ、朝まで過ごす方法があった。それは夫婦で朝までふとんの中でいちゃいちゃすることである。しかしこの方法は村の団結を乱すことにもなりかねない。それで庚申の夜に身ごもった子供はやがて泥棒になるという話が作られた。民間でよく使われた『下学集《かがくしゅう》』という辞書に「此の夜夫婦婬《いん》を行へば、則ち其の妊《はら》む所の子必ず盗を作す」とある。昔の人はいろいろ大変だったようだ。

# 姑息《こそく》

## ◇もともとは、その場のがれの手段ではなかった!?

夫の母つまり「姑《しゅうとめ》」は、親孝行が最優先された時代でもやはりけむたくて、敬遠される存在だったのだろう、「姑」という漢字を使った表現にはよくない意味がつきまとう。「姑の涙」とは些細な物事、わずかなものという意味で、それは姑が嫁に対してほとんど同情の涙を流さないことから生まれた表現である。さらにもっと端的な言い方に、「姑という字は難しい、仮名で書いても読みにくい」という戯《ざ》れ歌がある。《女》ヘンに《古》の「姑」はわずか八画しかなく、決して書きにくい漢字ではないのに、それを「難しい」というのは姑の気難しさを皮肉っているからで、「読みにくい」は「嫁憎い」にかけたシャレである。

この「姑」を使ったことばに「姑息《こそく》」がある。日本語では「一時のまにあわせ、その場のがれの手段」という意味で使われるが、それは決していい表現ではない。「姑息」は中国の古い文献に見えることばだが、現在の日本語とはいささか異なった意味で使われていた。春秋時代にできたという『尸子《しし》』という書物には「（紂《ちゅう》は）黎《れい》老《ろう》の言を棄《す》てて、姑息の謀《はかりごと》を用う」とある。「紂」は中国版暴君ネロともいうべき悪逆非道の王様、「黎老」は老人のことだから、この「姑息」は人生経験の豊富な賢人ではなく、シュウトメやムスコのようにすぐ近くにいるつまらない人物、という意味で使われているのだろう。

いまの日本語の意味に近い「姑息」の用例は、儒学の経典のひとつである『礼記《らいき》』の「檀弓《だんぐう》」に見え、そこに「君子の人を愛するや徳を以てし、細人《さいじん》の人を愛するや姑息を以てす」とある。後漢の学者の注釈によれば、この「姑息」は「おざなり・ぞんざいに対処すること」だという。さらに「姑息」は「無原則に許容する」、つまりなんでもかんでも許すことをいう語としても使われた。唐の歴史を記録した書物によれば、徳宗《とくそう》皇帝はなにごとにつけても弱腰で、「常に事を生じるを恐れ、一郡一鎮に兵有れば、必ずこれを姑息」したという。

中国でも「姑息」はそれほど好ましい意味ではなかった。しかしもし日本の過去のシュウトメが嫁に対して「無原則の寛容さ」を発揮していれば、「姑」という字が「読みにくい」とからかわれることもなかっただろう。

# 酒《さけ》は百薬《ひゃくやく》の長《ちょう》

## ◇「左党」たちの自己弁護のいわれは？

正月は屠蘇《とそ》、春は花見、夏は夕涼みのビール、秋は月見、冬はこたつで熱燗……と考えれば、私たちは年中なにかにことよせて酒を飲んでいるようだ。世間には生理的にアルコールをまったく受けつけられない人がいるし、そうかと思えば、アルコールに依存していなければ日常生活を営むことすらできない人もいる。それほど極端でなくても、酒で失敗したり、他人に迷惑をかけた苦い経験をもつ方も少なくないだろう。私もえらそうなことはいえないのだが、しかし多く人にとっては、適度な飲酒は爽快な気分をもたらしてくれる楽しい行為といえるだろう。

過度の飲酒は時に命を奪う。大学のコンパで大量の酒を強制的に飲まされて病院に担ぎこまれる学生の話がしばしば新聞に登場するし、そもそも長期にわたるアルコール摂取は成人病の原因として医者からしばしば警告される通りである。

しかしそれでも酒を愛好する者は、適当な量の酒は食欲を増進させるし、健康にとっても決して害になるものではないと主張する。そしてその時に彼ら「左党」が論拠とするのが、「酒《さけ》は百薬《ひゃくやく》の長《ちょう》」という格言（？）である。

これは『漢書』の「食貨志《しょっかし》」（経済関係の記録）に見えることばである。前漢末期の皇后の父親であった王莽《おうもう》は陰険な手段を弄して権力を掌握し、やがて皇帝の位を奪ってみずからの王朝「新《しん》」を建てた。そのころ、塩と鉄と酒は国家による統制販売がおこなわれていたが、背後で官吏と大商人が結託して価格が高騰した。そこで王莽はその情況を打開するために詔勅《しょうちょく》を出し、物資の円滑な流通を命じた。

その詔勅の出だしに「夫《そ》れ塩は食肴《しょっこう》の将なり。酒は百薬の長にして、嘉《よ》き会の好《よしみ》なり。鉄は田農《でんのう》の本なり」という文章がある。これが酒飲みたちが飲酒に対してあたえる最大の弁護表現の出典なのだが、この文章では塩と鉄について一句しかないのに、酒にはご丁寧にも二句も費やされている。王莽も酒が好きだったのだろうか。そういえば、この詔勅に先行する文章にも「酒は天の美禄《びろく》にして、帝王の天下を養うゆえんなり」とか、「百礼の会は酒にあらざればおこなわれず」とか、やたらと酒を讃える語句が散りばめられている。昔から「左党」たちは熱心に酒の弁護に努めたものと見える。

## 秀才《しゅうさい》

### ◇勉強ができる人＝「秀才」ではなかった⁉

「秀才」という語は諸子百家の一つである『管子』（小匡）にはじめて見え、そこには農家の子供でも「秀才」であれば、多くの人から信頼される官吏になることができる、と書かれている。当時の階級社会では農家はこのように馬鹿にされたのだが、それはさておき、この「秀才」が「学問的才能の優れている者」という意味で使われていることはまちがいない。

秀才ははじめこのように優秀な人物という意味で使われていたのだが、やがて漢代あたりから、高級官僚の候補者という意味に使われるようになった。

秦の始皇帝がはじめた中央集権の郡県制によって、中央から各地に官僚が派遣されたが、その官僚たちは地方長官が中央に推薦した人物の中から選ばれた。各地を治める地方長官は、自分が管理する土地にいる優秀な若者を定期的に中央に推薦する義務を負っており、その推薦には「孝廉《こうれん》」（親孝行で人柄が清廉）とか「明経《めいけい》」（経書に通暁している）というような項目があって、うちのひとつに「秀才」があった。秀才には学識のすぐれた人物が充てられたが、しかし当時もっとも重んじられたのは「孝廉」であった。儒学の世界では知識よりも孝行が重んじられたのである。

そんな官吏採用のための方法として、隋代から科挙がはじまったが、「秀才」は科挙でもまた使われる語となった。隋唐時代の科挙には秀才の他に明経・進士・明法などの科目があり、そこでもっとも重視されたのは秀才だったが、それは非常な難関で、隋から唐初にかけて秀才に合格したものは十人あまりに過ぎず、あまりの難しさに秀才科は唐代中期に廃止されてしまった。

科挙の制度は宋代に抜本的な改革を加えられ、宋以後は科挙の受験者をすべて秀才と称し、明清時代では、科挙の受験資格をあたえられる府や州県にある国立学校の学生を秀才と呼んだ。つまり受験生はすべて「秀才」というわけだ。

科挙はもともと個人の能力本位で人材を登用しようとする制度であったが、時間の経過とともに変質して、きわめて特殊な受験技術にたけた「秀才」だけが合格する、いびつな試験となった。受験技術だけに長じた現代日本の「秀才」が、人間味のない行政をする時代にはなってほしくないものである。

# 商業《しょうぎょう》

## ◇「商」はもともと王朝名だった

日本では「商」を「あきない」と読み、また中国でもこの字は同じ意味に使われるのが、しかしこの漢字はもともとはある古代王朝の名前を意味していた。

中国の歴史で存在を確認されているもっとも古い王朝は、一般には「殷《いん》」と呼ばれているが、「殷」はその王朝が最後に都を置いた土地の名前で、王朝名としては本来「商《しょう》」だった。神のお告げを得るためにおこなった占いの結果を書きつけた甲骨文字では、自国のことを「商」とか「大邑商《だいゆうしょう》」と書いている。歴史学の上では あの国は正しくは「商」とよぶべきであり、それを「殷」とよぶのは、あたかもいまの日本を「東京」といい、中国を指して「北京」とよぶようなものである。

商は現在の河南省を中心に強大な勢力を誇り高度な文化を展開したが、やがて西から起こってきた周に滅ぼされてしまった。周は商を滅ぼしたあと、商の王族を皆殺しにはせず、宋《そう》というところに土地をあたえて、そこで彼らの祖先に対する祭りをそのまま継続させた。祭ってくれる子孫をもたない神は現世に対してたたりをもたらすという迷信があって、それで彼らに祭りの継続を許したのである。

同じことを商の側から見れば、彼らは祖先の祭りを継続するためだけに生きのびさせられた「負け犬」であり、屈辱や嘲笑に耐えながら、ほそぼそと祭りを続けるだけだった。彼らはなにひとつ生産手段をあたえられなかった。直接的な生産手段をもたない者が社会生活を営もうと思えば、ただひとつ可能なことは、右の物を左に運び、東の物産を西に輸送して販売譲渡し、その中間にたってマージンを稼ぐだけである。

亡国の民である商の遺民は、そんな職業に従事せざるを得なかった。そこで周の人々はこのような内容の仕事を、おそらくは侮蔑《ぶべつ》をこめて、「商の人々のなりわい」という意味で「商業」と呼んだ。

殷から周への王朝交代は、紀元前一〇四六年と考えられる（異説もある）から、「商業」という語の成立は非常に古く、いまの日本語で使われている漢語の中でも屈指の歴史を持つ語である。ただしこのようなオリジナルの意味で使われた文献の用例は、現在まったく残っていない。

# 辛辣《しんらつ》

## ◇「辛」が「からい」「つらい」の意味になったワケ

韓国の釜山《プサン》に行ったとき、現地に研修にきていた友人が市内にある温泉に連れて行ってくれた。温泉といっても、日本のスーパー銭湯くらいある大きな、そして非常に近代的な設備で、聞けば日本でも売られている「辛ラーメン」の会社で、ロッテの創業者の実弟が設立した「農心」(농심、NONGSHIM)の経営だそうだ。

激辛料理の本場である韓国で販売される人気ラーメンの商品名に使われている「辛」はもちろん「からい」という意味を表している。しかしこの字にはほかに「つらい」という意味もある。「香辛料」と「艱難辛苦《かんなんしんく》」がその使いわけの例だが、では「つらい」と「からい」のうち、どちらが「辛」本来の意味だったのだろうか。

「辛」という漢字は、もともと入れ墨を入れるのに使った、取っ手のある大きな針をかたどった象形文字だった。古代の入れ墨は部族や集団の構成員が通過儀礼として身体に加えた装飾で、また中国では古くから罪を犯した者の顔や腕などに入れ墨を施した。「辛」はその刑罰に使う道具であり、そのことからまず「つみ」という意味を表した。「辜」（「無辜《むこ》の民」というように使い、「つみ」の意味をあらわす）や、「辞」（本来は「辭」と書き、「罪人を責めること」）、あるいは「辟」（「辟易《へきえき》」の「辟」で、「刑罰をあたえること」）などに使われている「辛」は、まさにその「つみ」という意味である。

そんな「つみ」の延長として「辛」が「つらい」ことを表すようになり、さらに意味が拡張して、味覚としての「からさ」を表すようになったので、本来の「つみ」の意味を表すために、《自》（「鼻」の原字で、人の鼻をかたどった象形文字）と《辛》を上下に組みあわせた「辠」という字が作られた。

この「辠」が「皇」とよく似ていることを秦の始皇帝がきらって、それ以後「つみ」の意味に「罪」を使うようになったという。いつも引き合いに出す『説文解字』に「秦、辠の皇字に似たるを以て、改めて罪と爲《な》す」とあるのがそのことなのだが、始皇帝は「皇帝」ということばを作った人物だから、自分の称号に使う文字が罪人を意味する漢字と混同されるのをいやがったのも無理はない。それにしても勝手に漢字の形まで変えてしまう権力者とは、まことに勝手なものである。

# 推敲《すいこう》

## ◇結局、高名な詩人は「推す」「敲く」どっちを選んだか

京都・祇園《ぎおん》のスナックに勤める女性から聞いた話である。ある日あたまをツルツルにそった、見るからにこわもての男性が店にやってきた。夜なのにサングラスをかけ、黒いダブルの服を着こなし、手には金のブレスレットをジャラつかせていた。彼女がおそるおそる横にすわり、「いらっしゃいませ」と挨拶したら、プンとお香の香りがただよってきた。あぁお坊さんか、と安心した彼女は、それからは坊主頭の客がきたら、お香の香りがするかどうかでその人の素性を判断することとした。

僧にまつわる話のひとつに、「推敲《すいこう》」の故事がある。「推敲」は何度も文章を練り直すことをいうが、それはある詩人の苦吟《くぎん》から生まれたことばだった。

唐代に賈島《かとう》（七七九―八四三）という詩人がおり、ある時ちょっといいフレーズが浮かんだ。それはこんなものであった。

鳥は宿る　池中の樹
僧は推《お》す　月下の門

しかし苦吟タイプの彼は、「推す」より「敲《たた》く」がいいかなとも考えた。「推す」も捨てがたいが、「敲く」はダイナミックで、音楽的な響きもある……。

どちらがいいかと考えながら馬に乗っていると、向こうから政府高官の行列がやってきた。しかし詩作に夢中の彼は気づかず、とうとう高官の行列と衝突してしまった。「この無礼者め」と詩人は取り押さえられ、高官の前に連れて行かれた。詩人は頭を深々とさげ「申し訳ありません。つい考えごとをしておりまして…」とわびた。ところがこの高官が韓愈《かんゆ》という大文学者だった。韓愈はそのころ長安の知事だったが、かねてより高名な詩人かつ文章家として知られており、詩作にふけったあまり行列にぶつかった若き詩人と、たちまち詩の話に花が咲いた。賈島は早速「推」がよいか「敲」がよいかを韓愈にたずね、しばらく考えた韓愈はおもむろに『「敲」がいいだろう』と答えたという。

この賈島の「推」と「敲」の文字遣いの逡巡《しゅんじゅん》から「推敲」という言葉が生まれた。ところでこの詩の「僧」が「推したり敲いたり」したのは、いったいだれの家の門だったのだろう。この時代の僧は妻帯を認められていないから、それがオンナの家でなかったことだけは確かである。

# 杜撰《ずさん》

## ◇「トサン」と読んでしまう人がいるズサンな？理由

論文などに引用される典拠の調べ方がいい加減なこと、さらには物事のやり方がぞんざいでミスが多いことをいう「ずさん」を、漢字で書けば「杜撰」となる。「杜」は中国を代表する詩人「杜甫」の苗字でもあるが、詩人の姓では「ト」と読み、「杜撰」では「ズ」と読むことになっている。

漢字には音読みと訓読みがあり、音読みにはさらに「漢音《かんおん》」と「呉音《ごおん》」の二種類がある（他に「唐音《とうおん》」もあるが省略）。たとえば「平」は、「平行」では「ヘイ」と読むが、「平等」は「ビョウ」と読む。前者が漢音、後者が呉音で、同様に「静」は漢音で「セイ」（「平静」など）、呉音で「ジョウ」（「静脈」など）と読む。

「杜」にふたつの読み方があるのも漢音と呉音のちがいで、「ト」が漢音、「ズ」が呉音である。中国から日本に伝わってきた単語は漢音で読まれることが圧倒的に多いが、仏教に関することばには呉音がよく使われる。「杜撰」に呉音が使われていることから考えれば、おそらく宋の時代（平安末期から鎌倉時代）に中国に留学した僧侶たちが、日本に帰ってきてから流行《はや》らせたことばなのだろう。

「杜撰」の語源説にはいくつかあるが、よくいわれる話では宋の杜黙《ともく》という人が作った詩が、リズム面の規格からはずれることが多かったので、そこから「誤りが多いこと」を「杜撰（杜さんが撰《せん》した詩）」というようになったとされる。中国の伝統的な詩は、単に漢字を決められた数だけ並べたらいいというものではなく、句の中でリズム（「平仄《ひょうそく》」という）を整えねばならず、また偶数句の最後には韻をふまねばならないなど、非常に厳格なきまりがある。杜黙の詩はそのきまりにまったく合っていなかったので、それで不名誉な成語の中に名前を残してしまうことになったわけだ。

一九七二年の秋、時の首相であった田中角栄総理が、中国との国交正常化交渉のために北京に向かった。戦後最大の懸案の解決に向かう首相は、出発前に大いなる抱負を自信満々の「力作」で披露した。それは「国交途絶幾星霜、修好再開秋将到、隣人眼温吾人迎、北京空晴秋気深」という、リズムや押韻《おういん》などまったく眼中にない「漢詩」だった。中国で「角撰」という熟語が作られなくって本当によかった。

# 折檻《せっかん》

## ◇意外！　誠意ある行動に由来していた

幼児に対する犯罪はまことに腹立たしい。金銭目的の誘拐や殺害は言語道断の所業であり、このような犯罪は一日も早く絶滅させたいものだ。またそんな事件とは別に、実の親による虐待事件がニュースとして時々報道される。泣きやまないとか言いつけを聞かないとかの理由で虐待や折檻《せっかん》に及んで、その結果幼児が死亡したり、重体に陥ったなどという事件は、まことに暗澹《あんたん》たる気持ちにさせられる。

日本語の「折檻」は、親が子供に、あるいは教師が児童に対して体罰などを加えて懲《こ》らしめることを意味するが、それは本来の用法ではなく、折檻とは目上の者の非を認識させるために厳しく意見をいうことであった。

前漢の成帝《せいてい》（前三二〜前七年在位）は、皇太子時代に張禹《ちょうう》という人物から学問を教わった。その関係から、成帝は皇帝になってから張禹を宰相《さいしょう》に任命して重用し、機会あるごとに張禹を引き立てた。張禹は温厚な人物ではあったが、蓄財を好み、地位にともなう特権を利用して私腹を肥やしていた俗物で、皇帝の恩寵《おんちょう》をいいことに、側近を集めては遊興にふけっていた。

そのころ朝廷に朱雲《しゅうん》という硬骨漢《こうこつかん》がいた。身の丈《たけ》八尺（漢代の一尺は約二十三センチ）の偉丈夫《いじょうふ》であった朱雲は、若いころ任侠の徒と交わった経験もあり、曲がったことの大嫌いな性格だった。ある時、朱雲は皇帝の面前で「私に鋭利な剣を一本おあたえ下さい。それで『君側《くんそく》の奸《かん》』を斬り殺したく存じます」と言上《ごんじょう》した。それは誰を指して言っているのかと成帝が尋ねると、自分が信頼しきっている張禹だと言うので皇帝は激怒し、朱雲を死罪に処し、朝廷から引きずり出すように命じた。しかし朱雲は建物の檻（てすり）にしがみついて抵抗し、そのために檻が折れた。

後に朱雲を皇帝にとりなす者がいて、成帝も朱雲の行為が誠意から出たものであることを理解して、朱雲は死罪をまぬがれたのであるが、やがて壊れた檻を修理しようとした時、成帝は「これからも直言する者が出るように」と、折れた檻をそのままにさせておいた。この故事から、目上の人に厳しく意見を申し出ることを「折檻」と呼んだ。しかし現代の日本には誠意に由来する「折檻」が非常に少ないのが残念である。

# 選挙《せんきょ》

## ◇初期の「選挙」は推薦制だった

多人数の中から代表者を選出する「選挙」は、もともと古代中国での高級官僚採用制度に由来することばだった。中国における官吏採用制度といえば、人類史上もっとも難しい試験といわれる「科挙《かきょ》」が連想されるが、科挙がはじまったのは隋の時代で、それまでの人材登用は基本的には推薦制度に頼っていた。

秦の始皇帝がはじめた官僚制度を踏襲した漢は、建国当初は功臣や外戚《がいせき》（皇后の親戚）の子弟、あるいは資産家などの中から適当な人物を選んで官吏に採用していたが、やがて儒教が国教化されるに及んで、儒学が重視する道徳にすぐれた者を官吏に採用するという制度を採用しはじめた。その具体的な方法は、儒教が重んじる徳を孝廉《こうれん》（孝悌廉潔の意）や賢良《けんりょう》（才能と人格の優良な者）・方正《ほうせい》（行いの正しい者）といったいくつかの名目にわけ、それぞれにあてはまる人物を、地方長官が地域の中から選んで中央に推薦するというものだった。このような推薦による人材登用制度を「郷《きょう》挙里選《きょりせん》」といい、それを略して「選挙」と呼んだ。いまの日本語でいう「選挙」はこれが語源である。なお「郷」とか「里」というのは当時の集落の単位であり、最小の集落を「里」といい、「里」がいくつか集まって「郷」を形成していた。その制度で推薦される徳目のうちもっとも重視されたのは孝廉で、それに推薦されることは、いまの日本でたとえれば「キャリア組」として官僚のエリートコースを歩むことを意味するものだった。

人材を推薦する立場にある長官は、能力と人柄にすぐれた人物を、土地の評判によって公平に選出する義務があり、そうして中央に推薦された者はいくつかの過程を経て高級官僚となっていった。しかし古代中国の官吏はとびぬけた特権階級で、莫大な富に直結していたから、推薦を希望する者が非常に多く、しだいに不正が発生するようになった。やがては郡国の長官と土地の豪族が癒着《ゆちゃく》し、有力者の子弟が能力もないのに推薦されるというような状態にまでなるのには、それほどの時間がかからなかった。

現在の日本でも選挙のたびごとに買収などの不正行為が話題になるが、それは古代中国での「郷挙里選」でもまったく同じことだったのである。

# 束脩《そくしゅう》

## ◇孔子に弟子入りするときの定番の謝礼品

学生時代に「家庭教師」というアルバイトをしていたことがある。何軒かをかけもちしていたのだが、あるお宅からいただく報酬袋にはいつも「束脩《そくしゅう》」と書かれていて、ずいぶん古風な言葉を使われるものだと感心した。中国文学科にいた私はたまたまそのことばを知っていたが、同級生の半数くらいは知らなかったから、そのころからすでに「束脩」は死語に近かったようだ。

「束脩」とはもともとたばねた乾《ほ》し肉のことである。肉の食べ方には、生で食べるか焼いて食べる、あるいは煮るなどの他に、乾燥という方法がある。肉を乾燥させておけば、しばらくのあいだは保存できる。それは肉をハムやベーコンに加工して保存するのとまったく同じことで、このような乾し肉に香料を加えたものを、昔の中国では「脩」と呼んだ。さしずめビーフジャーキーといったところだろう。

「脩」は《肉》（＝月、ニクヅキ）によって意味をあたえられ、《攸《ユウ》》で発音が示される形声文字で、本来の意味は「乾し肉」だった。別にとりあげた「酒池肉林」の話で、木の枝にぶら下げられた肉も、たぶんそんな乾し肉だったのだろう。

その脩を十本でワンセットにたばねたものを「束脩」という。古代中国では親しい友人間での贈答品に乾し肉をよく使い、特に学問を習うために弟子入りする時には、謝礼として束ねた乾し肉、すなわち「束脩」を持参するしきたりがあった。『論語』(述而篇《じゅうじ》)に「子曰く、束脩を行なうより以上は、吾れ未《いま》だ嘗《かつ》て誨《おし》えること無くばあらず」とある。孔子はほんのわずかでも乾し肉を持参した者に対してはかならず弟子入りを許可したということであり、それは別に孔子が貪欲なるがゆえでも、また乾し肉が好きだったからでもなく、その行為が最低限の作法にかなっていたからである。

束脩には羊の肉が使われることが多かったらしい。唐代の『雲仙雑記《うんせんざっき》』という書物によれば、ある蔵書家のところには本の借用を希望する者が多く訪れた、中には乾し肉にするための羊を生きたまま持参する人までいたという。家庭教師の謝礼袋に「束脩」と書くことは、古代中国の慣習にのっとったやり方だったが、生きたヒツジ一頭まるまるをいただかなくって本当によかった、とつくづく思う。

# 対策《たいさく》

## ◇書物を指す「策」に竹カンムリがついているワケ

私たちが受験勉強をしていた時代には、「傾向と対策《たいさく》」というシリーズの受験参考書が旺文社から刊行されていた。英語や数学など科目ごとに出版されていて、有名大学の入試問題の出題傾向を分析し、それに対応する勉強方法を解説することを主眼としたもので、私もこれにずいぶんお世話になったものだった。

「対策」とはこのように、なにかの問題や事態に対して用意される方策のことだが、もともとは古い中国の人事採用制度の中で使われた表現だった。「対策」の「対」は「答える」という意味の動詞で、「策」とは文字を書きつけるために竹や木を削って作った短冊状の札のことで、別にとりあげた「韋編三絶《いへんさんぜつ》」の項で紹介した、竹簡《ちっかん》や木簡《もっかん》を並べて紐で綴じた形の書物を指す。

秦《しん》の始皇帝がはじめた官僚による中央集権制度が定着するにつれて、国家の中枢部では行政を担当できる優秀な才能を備えた人材が大量に必要となった。秦の制度を受け継いだ漢《かん》では、官吏を採用するために地方長官から優秀な人材を推薦させ、中央に集められた人物に対して、皇帝はしばしば国政に関わる重要事を諮問した。その時に各人が下問に答えて自己の見解を書きつけたものが「対策」なのである。

その時代にはまだ紙がなかったので、皇帝からの下問に対する返答は、竹簡または木簡に書かれた。この竹簡や木簡を一枚ずつ並べて紐で綴じた形態の書物を「策《さく》」と呼んだ。ちなみに「策」という字に竹カンムリがついているのは、文字を書くための札が最初は竹で作られたからである。

この「策」は書名にも使われた。戦国時代における国々のできごとや人物のエピソードなどを書き記した書物を『戦国策《せんごくさく》』というが、それは「戦国時代の書物」という意味である。しばしば誤解されているようだが、『戦国策』という書名は戦国の乱世を生きていくための「方策」を述べたことからの命名ではない。

「対策」はもともと竹簡や木簡に書かれたものだったが、その後紙が発明され、普及してからも、同様の内容を紙に記した文書をやはり「対策」と呼んだ。この制度は日本にも早い時代に伝わり、律令時代には官吏登用のために論文による試験をおこなった。「小論文試験」は、実は非常に古い時代からあったのである。

## 泰斗《たいと》

### ◇いまで言う「権威」や「オーソリティー」のことだが…

近ごろは「権威」とか「オーソリティー」ということが多くなったが、しばらく前までは、ある分野での第一人者のことを「泰斗《たいと》」と表現したものだった。そんなことばなんか聞いたことないという若い人もいるだろうし、年配の方には古めかしい感覚をともなって聞こえるだろうが、しかし「権威」や「第一人者」よりも「泰斗」のほうが、いかにも老大家でその分野での重鎮《じゅうちん》である、という感じを私はもつ。

「泰斗」は、「泰山《たいざん》」という山と「北斗《ほくと》」という星座から一字ずつ漢字をとって作られたことばである。名文家韓愈《かんゆ》の伝記に、韓愈が亡くなったあと「学者これを仰ぐこと、泰山北斗の如し」とある。「北斗」はおなじみの北斗七星で、七星がひしゃく（斗）の形に見えるから「斗」という漢字が使われている。この星座は日本や中国では一年中いつも天頂近くに見えるし、天球の中で最もよく目立つ星座だから、方角を知る目標になる。

いっぽう「泰山」は、「泰山鳴動してネズミ一匹」という諺《ことわざ》でも使われているが、「泰山」という名前の山があるわけではない。それは山東省中部にある全長約二〇〇キロの山脈の名前であって、その主峰を玉皇頂《ぎょくこうちょう》という。もっとも高いところでも標高一五二四メートルだからそれほど高い山脈ではないのだが、しかし黄河下流の大平原から切り立つように山塊がそびえたち、また周囲に高い山がないので、結果としてこの山脈が目立ち、とびぬけて高い存在に見える。それで中国の古典では「泰山」が大きな山のたとえとして用いられるようになった。また泰山は古くから山岳信仰の対象とされ、中国の五名山とされる「五岳《ごがく》」の中では「東岳《とうがく》」とされた。

いまの山東省に生まれた孔子も泰山に登った経験があるようで、『孟子』（尽心上）によれば、孔子は泰山の山頂からふもとを眺め、世間は小さなものだとの印象をもったという（「孔子　泰山に登りて天下を小とす」）。

孔子はふもとから歩いて泰山を登ったにちがいない。しかし観光地としてにぎわういまは、中腹までは自動車道路が、山頂まではロープウェーが通じている。お手軽に登れるそんな山の名前で各界の権威を表現するには、少し違和感がある時代となった。

# 天高《てんたか》く馬肥《うまこ》ゆ

## ◇秋のグルメで太ること…ではなかった！

「天高く馬肥ゆる秋」というのは、いかにもグルメの秋を謳歌するコピーのように聞こえるが、もともとは杜甫の祖父にあたる杜審言《としんげん》が、西域《さいいき》の軍事基地が置かれていた地域に出征する友人に贈った詩に「雲は浄《きよ》くして妖星《ようせい》落ち、秋高うして塞馬《さいば》肥えたり」とあるのに基づく表現である。中国の北に暮らす遊牧民は、馬に筋肉がつく季節になると万里の長城を南にこえて略奪をおこなう。だから秋には外敵の侵入に気をつけよ、と、その詩はうたっているのだ。

馬は中国でも古くからおなじみの動物であるが、春秋時代中期くらいまでは騎馬の習慣がなく、馬はもっぱら戦車をひかせるために飼育されていた。長城の北側に暮らす遊牧民との抗争が激化するようになってから、騎馬の技術が導入された。

馬という漢字は甲骨文字の中にすでに見え、長いたてがみを強調した象形文字で書かれている。そのように、「馬」という漢字が実際のウマの形をかたどってできた漢字であることは、ずいぶん前から知られていたらしい。

前漢の石建《せっけん》は大変に誠実で、生真面目《きまじめ》な人柄であった。その人がある時、皇帝に上奏文を差しだしたところ、なにか不備があったようで差し戻されてきた。不思議に思った石建が読み返してみると、文中にある「馬」という字の、下の点がひとつ少なかった。それを知った石建は大いに驚き、いずまいを正して「馬は足と尻尾をあわせて五つあるべきなのに、自分の書いた文字は四つしかなく、一つ足りない。これは死刑に処せられるべき罪である」と述べたという。

石建の時代に使われていた隷書での「馬」は、現在の楷書《かいしょ》の字形とほぼ同じである。「馬」の下にある点はウマの四本足を、右下の曲がりは尻尾をそれぞれかたどったものなのだが、しかし石建が書いた「馬」は、足が三本しかなかったようだ。

石建は「馬」が象形文字であることをはっきり認識していたわけだが、いかに皇帝がご覧になるものとはいえ、たかが点をひとつ落としたくらいで死刑とはおおげさだしそんなことで死刑になったのだったら、日本や中国の人口はいまごろ数十分の一、いや数百分の一くらいになっていたにちがいない。思えばいい時代に生まれたものだ。

# 杜氏《とうじ》

## ◇酒造り職人のリーダーはなぜこう呼ばれるのか

新年会や送別会、あるいは忘年会など日本の社会に宴会はつきものだが、そんな宴会のおりに、最初の乾杯を日本酒でおこなおうという条例があるそうだ。これは二〇一三年に京都で「京都市清酒の普及の促進に関する条例」というものが施行されたのが最初で、そこから各地の酒どころを中心とする自治体に広まった。ただし条例といっても罰則や拘束力があるわけではなく、あくまでも日本の伝統文化である日本酒を盛りあげていこうという趣旨にすぎないが、私個人は歓迎だ。

日本酒の醸造には長年の技術的訓練が必要で、酒造業者はベテラン技術者を確保するのに努力するが、この醸造技術者の中で指導的立場にある人物を「とじ」または「とうじ」といい、漢字では「杜氏」と書く。

この語源については諸説があり、柳田国男は酒造業者が酒壺をよぶ「刀自」から来るとする（『木綿以前の事』）。それ以外にも昔の名人藤二郎という者の名前にちなんだという説もあるが、これらはおそらく俗説で、もっとも信頼できるのは、中国で酒を発明した人物とされる杜康の名に由来するという説であろう。

中国ではいろんな物の発明者の名前が伝説として語られる。文字を発明した蒼頡《そうけつ》や、紙の発明者とされる蔡倫《さいりん》などはよく知られているが、日常的な食品にも発明者が定められることが多く、豆腐は『淮南子《えなんじ》』の編者である淮南《わいなん》王劉安《りゅうあん》が作ったというし、饅頭《マントウ》（蒸しパン）は諸葛孔明がはじめて作ったという。そして酒のような重要な飲み物にはもちろん発明説話があって、その発明者とされるのが杜康《とこう》である。

杜康は伝説上の帝王「黄帝」に仕えた料理人であり、酉《とり》の日に亡くなったので、過去の中国では酉の日は酒の仕込みをしないという習慣もあったようだ。

「杜康」はまた酒の異称としても使われた。『三国志』でお馴染みの英雄曹操《そうそう》は「なにを以てか我が憂いを解かん、ただ杜康の酒あり」とうたう。

杜康が酒を醸したのはいまの河南省汝陽《じょよう》県といわれ、竹林の七賢の一人である劉《りゅう》伶《れい》がその地で産する酒を飲んだところ、三年間酔いが醒《さ》めなかった。この「一酔三年」と評される酒にちなんで「杜康酒」というブランド名で売られているが、この酒はアルコール度数が60％に達する、古代の酒とはとうてい思えないものである。

## 登龍門《とうりゅうもん》

### ◇登っていたのは「龍」ではなかった

東西落語ともによく演じられる古典落語に「道具屋」がある。「道具屋」は露店で古道具を並べて売る仕事、要するに縁日などに出る古物商と思えばよい。定職をもたず毎日ぶらぶらしている与太郎《よたろう》（上方では喜六《きろく》）を見かねたおじさんが、自分がやっていた道具屋の仕事を彼に継がせようとするのだが、なにせ与太郎のこと、店を冷やかしにきた客に対してトンチンカンな応対ばかり繰り返し、せっかくの客を逃がしてしまうという、おなじみのお笑いである。

この道具屋が扱う品物のひとつに「鯉の滝登り」を描いた掛け軸があるのだが、与太郎にはその絵の意味がわからない。それでおじさんに向かって「そのボラが素麺《そうめん》を食っている絵はいったいなんです？」とたずねる。まことに絶妙なたとえであるというべきだろう。

鯉が川をさかのぼってきて、途中で滝に出あうと、激流に立ち向かって跳《は》ね、滝の上に上がろうとする。その困難に立ち向かう勇ましい姿は古くから縁起のいい絵柄とされ、絵皿などの陶磁器とか、床の間にかける軸に好んで使われた。

中華文明の中心地だった黄河には淡水魚しかいないので、中国では鯉が珍重された。宴席のメインとして鯉を丸揚げにして甘酢をかけたものがよく登場するのはそのためで、それ以外にも中国では鯉はめでたい魚とされてきた。

中でも代表的な話が「登龍門《とうりゅうもん》」である。黄河上流にある三門峡《さんもんきょう》は黄河最大の難所で、船すら難渋する激流だから、ほとんどの魚はのぼれなかった。しかし能力のすぐれた鯉だけはそれができた。この激流を越えた鯉はそのことで神通力を獲得し、やがて龍に変身するという伝説ができ、その峡谷はやがて「龍門」とよばれるようになった。

こうして鯉が「龍門を登」って龍になることから、やがて大きな躍進の機会につながる非常な難関を「登龍門」というようになった。五月の節句に揚げられる鯉のぼりには、男の子がすくすくと成長して立派に「龍門を登れる」ようにとの願いがこめられているのだが、ただ最近のマンションのベランダ用に作られた小さな鯉のぼりでは、あまり大きな龍になれそうにないのが、ちょっとかわいそうだ。

## 入門《にゅうもん》

### ◇初心者には「門」を見つけることさえ困難だった

ここ十数年、中国から出版される書物の激増にはまことに目をみはるものがあり、特に入門書やハウツーものがよく目立つ。入門書やハウツーものは社会的な需要が多く、またそれだけよく売れるので、出版社がそれらを好んで出版するというのは、どうやら中国でも同じことらしい。

なにかの学問や技術について初歩の段階から学んだり、先生のもとに弟子入りすることを「入門」というのは、『論語』（子張篇《しちょう》）に見える次の話を出典とする。

孔子の生国《せいこく》である魯《ろ》の国にいたある人物が同僚に、「皆さんは孔子が立派な人物だと言うが、しかしその弟子の子貢《しこう》のほうがもっと賢いのですよ」と語った。その話を聞いた人がさっそく子貢に伝えたところ、子貢は自分と孔子の人徳を宮殿の塀と建築物の例でたとえて説明した。曰く、自分の宮殿は塀の高さがせいぜい人の肩くらいまでしかなく、だから宮殿の中にある建物を塀の外からでもある程度見ることができる。

しかし先生（孔子）の宮殿は塀が非常に高いから、塀の外からはなにも見えず、その門を見つけて中に入らない限り、中にある建築物の美しさやそこに勤める人々の素晴らしさはわからない。ただその入口に至る門を見つける人がなかなかいないのだ、と。

孔子がもつ奥深い世界を理解するには、まずその宮殿の「門」から入らなければならない。そしてこれと同じように、技術の習得段階について建築物を比喩として使った例が同じく『論語』（先進）にあって、そこでは表座敷と奥の間というたとえが使われている。

中島敦《なかじまあつし》の小説『弟子』の主人公としても知られている子路《しろ》には、瑟《しつ》という二十五弦の大琴を引く趣味があった。しかしその技量はそれほど素晴らしいものではなかったらしく、孔子は彼の演奏について「堂に升《のぼ》れり、いまだ室に入らず」と表現した。「堂」とは表座敷であり、「室」はその堂の北側にある小さなプライベートの部屋を指す。つまり孔子は子路の瑟の腕前がすでに「入門」段階を通りこしていて、座敷にあがれるほどになっているものの、まだ奥の間には入れない、つまり奥義をきわめてはいないということを、建物で表現したのである。

## 俳優《はいゆう》

### ◇じつは媚を売る悲しい職業!?

「大きくなったらなにになりたい？」という質問に対して「映画俳優」と答える子供がほとんどいないそうだ。派手なコンピュータグラフィックを駆使した映画がヒットし、演技で人を感動させる名優よりも、テレビの画面で安直な娯楽を提供する素人まがいの「タレント」とやらが羽振りをきかせる時代では、映画俳優はもはや憧れの眼で眺められる存在ではないらしい。

とはいっても、「俳優」は現在の私たちが考えるような華やかでカッコイイものではなかった。それは階級社会において権力者に奉仕し、媚《こ》びを売り、娯楽を提供する悲しい職業だったのである。「俳優」とは古代中国で滑稽なしぐさで歌を歌ったり、舞踊を演じる人物だった。「俳」は「わざおぎ」、つまり手振りや足踏みなどで面白おかしく歌い舞い、神や高い地位にいる人のご機嫌をとって楽しませる人のこと、「優」も歌や踊り、あるいは滑稽な動作や曲芸などを演じる人の総称である。「俳優」とはそのふたつの漢字をつなぎあわせたことばにほかならない。

戦国時代の著述である『韓非子《かんぴし》』（難三篇）に、「俳優と侏儒《しゅじゅ》は、もとより人主のともに燕《くつ》ろぐ所なり」とある。ここで「俳優」と並んで登場する「侏儒」もやはり君主や貴人に享楽を提供するエンターテイナーで、先天的な原因によって大人になってからも背が低いままの人をいう。芥川龍之介が自殺直前に著した、鬼気迫る警句にあふれた『侏儒の言葉』は、それを自虐的に用いたタイトルであるが、古代中国ではこのような人を「俳優」として用いることが多かったようだ。

「俳優」の「俳」はまた「俳諧」の「俳」でもある。「俳諧」もまた、面白おかしい言葉で人を笑わせることを意味する語だった。あえて現代日本語での言い方に引き当てていうならば、さしづめ「ギャグ」にあたるだろうか。ただ「俳優」が身振りやしぐさによって笑わせたのに対して、「俳諧」は言語表現だけで笑いをとろうとした。日本ではこれがやがて江戸時代初期に芸術的に昇華し、おかしみ・ウイットをこめて詠まれる短詩のジャンル名となった。それが言語芸術としての「俳句」のルーツなのだが、近ごろ巷ではやるブログなどの言語芸術には、上質のウイットがほとんど感じられないのが残念である。

# 白眼視《はくがんし》

## ◇「白い目」で見ることの反対は「青い目」って本当?

『徒然草《つれづれぐさ》』の第百七十段に、次のような一説がある。

さしたる事なくて人の許《もと》行くは、よからぬ事なり。用ありて行きたりとも、その事果てなば疾《と》く帰るべし。久しく居たる、いとむつかし。(中略)同じ心に向はまほしく思はん人の、つれづれにて、「今しばし、今日は心しづかに」など言はんは、この限りにはあらざるべし。阮籍《げんせき》が青き眼、誰もあるべきことなり。その事なきに、人の来りて、のどかに物語して帰りぬる、いとよし。

大意を述べると、「大した用もないのに他人を訪問するのはよくないことだ。もし用があっても、それが済んだらすぐに帰るべきで、長居するのは困ったものだ。(中略)ただし気持ちの合う友人が、今日はもう少しゆっくりしたいという時はその限りではない。阮籍のように友人をこころよい眼差しで出迎えることは、だれだってある話だ。特別の用もないが、友人がのんびりと話しこみにくるのは実にいいものだ」というくらいであろうか。

ここに見える「阮籍が青き眼」には説明が必要だろう。阮籍は、権謀術数《けんぼうじゅっすう》入り乱れる社会と、形骸化した儒教社会を批判し、偽善的な世間の外に身を置いて、竹林にこもって酒と詩と音楽に明け暮れる自由な生活を送った「竹林の七賢」の一人、というよりその代表格である。彼は世俗的な価値観をもった人を心から忌み嫌い、そんな人物がやってくるときわめて冷淡な対応をしたという。

阮籍の母が亡くなった時、俗物である嵇喜《けいき》が弔問《ちょうもん》にやってきたところ、阮籍は彼を「白眼《はくがん》」で迎えた。歓迎されないことで不愉快な思いをして帰ってきた嵇喜の話を聞いた弟の嵇康《けいこう》が、さっそく酒を持ち、琴を抱えて阮籍のもとを訪れると、阮籍は大いに喜んで、彼を「青眼《せいがん》」で迎えたという。阮籍は相手に対して冷淡な目つきと好意的な目つきを使いわけたようで、それをこの話では「白眼」と「青眼」と呼んでいる。「白眼」とは白目をむくことだろうが、では「青眼」とはなんだろうか。阮籍はおそらく漢民族の人だから、眼球が青いということはありえない。実は「青」には「黒色」を表す意味もあって、つまり彼は普通の目つきで出迎えた、というだけの話なのだった。

## 破天荒《はてんこう》

### ◇本来は〝めちゃくちゃな…〟の意味ではない

かつての長安、いまの西安から仏教美術の宝庫として有名な敦煌《とんこう》まで飛行機で飛んだことがある。ジェット機なら一時間ちょっとで行けるが、昔はラクダに揺られたキャラバンが何日間もかけて旅したのだから、さぞかし大変だったろうな、と思いながら窓の下を眺めていると、しだいに息をのむ景色がそこに展開しはじめた。

大地には黄土色《おうどいろ》のゴビ砂漠が延々とひろがっているのだが、ところどころにまるで雪が積もっているかのように、真っ白に見える部分がある。聞けば土壌に含まれている塩分が地表に浮かびあがってきているのだそうで、これを「塩害《えんがい》」とよぶ。緑豊かな国に育った者から見れば、一面の「不毛の大地」としか見えなかった。

中国は広大な国土を擁するが、しかし農業にも牧畜にも適さない不毛の土地がかなりの割合を占めている。そんな自然の環境と条件によって、草木一本すら生えない未開状態のような土地のことをかつては「天荒《てんこう》」と呼び、そしてそのことばは、すぐれた人材がまったく出現しない土地のたとえとしても使われた。

敦煌を含むいまの甘粛省《かんしゅく》一帯は、唐の時代まですぐれた人物がまったく現れない「天荒」の地とされていた。なにせそこからは、中央政府の要職にあたる高級公務員を採用するための試験「科挙《かきょ》」で、本試験はおろか、その受験資格をとるための予備試験すら、合格する人間が一人もいなかったのである。

ところがある年、その土地出身の劉蛻《りゅうぜい》という男が予備試験を通り、さらには中央でおこなわれる本試験にも優秀な成績で合格した。彼の合格により、かの「天荒」の地からもついにそれを破る男が現れたのか、と世間は驚き、喜んだ。それが「破天《はてん》荒《こう》」ということばの由来である。

「破天荒」は、慢性的に低レベルあるいは粗悪だった状態をうちやぶり、画期的なまでに高尚あるいは優秀な状態を出現させることをいう。それがいまの日本語では、単に「前代未聞」とか「驚くべき」という意味に使われている。「破天荒な偉業」というのは正しい使い方なのだが、「がんばっていた社員を離島の営業所に左遷するのは、破天荒な人事だ」というのは、語源から考えれば正しい使い方ではないことになる。

# 贔屓《ひいき》

## ◇怪力をもつ、ある動物に由来することば

個人や組織に格別の配慮や援助をあたえることをいう「贔屓《ひいき》」とは最初は大きな亀の名前だった。

博識で知られる明《みん》の楊慎《ようしん》が書いた随筆『升庵集《しょうあんしゅう》』に見える民間伝承によれば、龍には子供が九人いて、それぞれが独自の能力をもっていた。うちのひとりが「贔屓」で、その形は亀に似ていて怪力を持っており、重いものを背負うのが得意だった。だから石碑《せきひ》のような重いものを載せるのが仕事とされ、石碑の台座のところに作られているいる亀が、実はその「贔屓」なのだという。

中国の石碑には高さが2メートル以上に達するものがあって、そんな大きな石碑が亀の形をした台座に載せられていることが多い。しかし石碑の台座に亀が使われるようになったのはそれほど古いことではないようだ。中国でさかんに石碑が作られるのは後漢以後だが、亀の台座は初期の石碑にはほとんど見かけられず、台座に亀が使わ

れるのは、どうやら唐代あたりからであるらしい。

古代の神話では、人間が暮らす社会は亀の背中に載っていると考えられていた。亀は力持ちの動物として意識されていたようで、それがいつの間にか石碑の台座の名前に使われるようになったのだろう。

「贔屓」はもともと怪力をもつ亀で、そこから他人のために大きな力を発揮するという意味で使われるようになった。日本でその意味に使われた古い例としては『日本《にほん》霊《りょう》異記《いき》』巻下に「すなわちこれ法花経《ほけきょう》の神力、観音の贔屓」という文章があり、遅くとも平安時代の初期にはその使い方が日本にも伝わっていたようである。しかし中国ではもっぱら石碑の台座に使われる亀の名称として使われるだけで、またそれもいまではほとんど死語となっている。

「贔屓」は正しくはヒキと読むべきで、ヒイキは慣用音である。しかしその読み方も古くからあったようで、平安末期の辞書には二種類の読み方が見える。そうか、さてはヒキガエルのヒキもこれだなと思っていろいろ調べたのだが、それはどうもちがうようだ。カエルが冬眠からさめるころに吹聴《ふいちょう》してやろうと目論んだのだが、残念なことであった。

## 顰蹙《ひんしゅく》

### ◇その由来は女性差別的なものだった

「ヒンシュク」ということばが流行しだしたころ、最近の若者はずいぶん難しいことばを使うものだと感心した。それがいまでは中年のおじさんやおばさんも使うようになり、先日は電車の中で幼稚園くらいの子供が母親に「ママ、そんなことしたらヒンシュクものだよ」と言ってるのを聞いてびっくりした。

漢字で書けば「顰蹙」で、もとは他人の言動を不愉快に感じた時に、眉をひそめて不快の気持ちを示すことを意味したが、「顰」は眉をひそめること、「蹙」は顔をしかめることをいう。そんな難しい漢字を使った単語がこれほどに気軽に使われるのは、パソコンや携帯電話でたやすく漢字に変換できるからにちがいない。

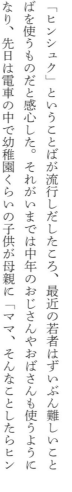

このことばの出典は『荘子』の「天運篇」で、原文は以下の通りである。

西施《せいし》　心を病みてその里に顰《ひん》す。その里の醜人《しゅうじん》見てこれを美とし、帰りてまた心を捧《う》ちてその里に顰す。その里の富人はこれを見て、堅く門を閉ざして出でず、貧人はこれを見て、妻子を携えてここを去りて走る。かの人は顰の美なるを知りて、顰の美なる所以《ゆえん》を知らず。

古代中国の伝説的な美女であった西施には胸患いの持病があり、時々胸をおさえては顔をしかめ、痛みに耐えていた。絶世の美女が苦しげに顔をしかめる姿は、大変に美しいものであった。それで同じ村にいた「醜人」（別の伝承では「東施」という名前だったという）が、近所のあちらこちらで胸をおさえては顔をしかめてみた。するとその村の金持ちたちは戸を閉ざして外出しなくなり、また貧しい者たちは妻子をつれて他の村に移り住んだという。

この話から、実力や身のほどを知らずに、すぐれた人の業績や行為を外面だけ模倣することを「顰《ひそ》みに效《なら》う」といい、また「顰蹙」というようになった。

すっかり日本語に溶けこんだ「ヒンシュク」だが、その背景にはこのように女性を美醜で差別する構造があった。しかしそれがセクハラの例として糾弾《きゅうだん》されないのは、最近の日本人が中国古典に対する知識に乏しく、ことばのルーツを知らないからだ、と講義で話すと、あとで学生から、そんな傲慢《ごうまん》なことをいってるとヒンシュクをかいますよ、と忠告されてしまった。

## 方程式《ほうていしき》

### ◇子どもたちはいつの時代も「方程式」を勉強していた

日本の小学校で、数字の読み方を教え、簡単な記数法から四則演算や分数、あるいは比例などの思考方法を教える科目名が「算数」となったのは、一九四一（昭和十六）年のことで、それまでこの教科は「算術」と呼ばれていた。この「算術」とは、中国の後漢の時代に作られた『九章算術』（撰者未詳）に由来する名称で、この「算術」ということばが日本でも近世まで数学を意味するものとして日常的に使われていた。

文字をもつ文明では「読み書きそろばん」が初等教育の基本であることは、世界のどこでも変わらない普遍的な事実であるが、文字が発明され、普及するまで「読み書き」という学習は存在しなかった。だがたとえば狩猟で得た獲物や収獲した果実などの数をかぞえ、木の棒や石を並べたり、縄に結び目を作ることで数を記すことは、文明の発生段階からおこなわれていたにちがいない。数をかぞえ、それを記すことは文字の使用よりもはるかに早くからおこなわれ、それはまさに文化の根幹をなすものであった。

中国でも数学は非常に早くから教えられた。戦国時代に成立したと思われる経書『周礼《しゅらい》』によれば、周の時代には諸侯の子弟の教育を担当する「保氏《ほし》」という役職がいて、その教育内容を「六芸《りくげい》」と呼んだ。この場合の「芸」とは君子として身につけておくべき教養または技術の意味で、具体的には「礼・楽・射・御・書・数」、すなわち礼儀作法、音楽、弓道、乗馬、文字学、そして数学の六種類が教えられた。

この「六芸」の最後にある「数」が数学で、それはさらに細く「方田・粟米《ぞくべい》・差分・少広・商功・均輸・方程・贏不足《えいふそく》・旁要」に分かれており、その全体を「九数」といった。

数学と聞いて、私たちがまっさきに思い出すものに「方程式」があるが、「未知数を含み、その未知数に特定の数値をあたえた時にだけ成立する等式」と定義される方程式の出典は他でもなくこの『周礼』の九数である。周からずっと時代がたった漢代に数学的知識を集大成して作られた『九章算術』の八章にも「方程」という項目がある。いつの時代でも子供たちは方程式を勉強させられたようだ。

## 保母《ほぼ》

### ◇いまで言う保育士は、宮廷の役職名だった

最近は一生結婚しない人がふえ、また結婚しても子供がなかなか生まれない、あるいは故意に生まない人もいるが、それでも人間の文明が現在までに続いてきたのは、いうまでもなく結婚と出産によって子孫が増えつづけてきたからである。

子孫はなくてはならないものだが、しかし育児はいつの時代でも手のかかる仕事だ。その苦労が「保」という漢字に示されていて、「保」とは人が手を幼児の背中にまわしておんぶしている形から、「子供を養育する」ということを表した。

ここで背負われている子供は、片手を上にあげ、もう一方の手を下に向けている。中国の古代文字には「一上一下」の手の向きをもって描かれる子供がしばしば登場し、それはおそらく王子だった。というのは、このマークが記録されている青銅器は非常に立派なものが多く、おそらく王子の家で作られたものと考えられるからである。

「保」は王子をおんぶして養育するという意味であった。そしてこのおんぶという意

味から派生して、「保」はやがて広く一般的に、「保護する」という意味に使われるようになった。

この字を使った熟語として、保育所などの児童福祉施設で児童の保育にあたる仕事を意味する「保母《ほぼ》」(今でいう保育士)ということばがあるが、これはもともと古代の宮廷内に設置された役職の名前に由来するものである。儒学の経典である『礼記《らいき》』の「内則《だいそく》」によれば、古代中国の王や貴族の家では子供の養育を担当する専門の女性を雇用していた。それには三つのランクがあったようで、上から順に「子師《しし》」「慈母《じぼ》」「保母」と呼ばれた。この養育係になれる条件も文献にはちゃんと規定されていて、それは「寛裕、慈恵、温良、恭敬《きょうけい》にして慎みぶかく、寡言《かげん》」であることが必要だった。すなわち心が広くて慈愛深く、おだやかで礼儀正しく、なにごとにも慎重で、しかも寡黙《かもく》な女性が要求されたのである。

いかに古代でも、そんな女性がどこにでもいるというわけではなかっただろうから、「保母」になるのは昔からやはり大変だったようだ。そしてそんな人が見つかったならば、子供ではなく父親である私の面倒を見ていただきたいものだ。

## 未亡人《みぼうじん》

### ◇アカの他人がこう呼ぶと失礼。なぜか?

一昔前の選挙では、立候補者が「不肖《ふしょう》わたくし、このたび立候補いたしましたのは……」などと語っているのをよく聞いたものだった。この「不肖」などもう死語だろうと思っていたら、自衛隊と南極にいったり、北朝鮮の「将軍様」をロシアで追いかけたりと世界を股にかけて活躍する個性的な報道カメラマン「不肖M」氏の著述でいまも知られているようだ。

私もMさんの本をよく読むのであまり書きたくないのだが、氏が自分のことを「不肖M」とよぶのは正しくない。「肖」は「似ている」という意味だから、「不肖」とは「似ていない」ということである。ではなにが「似ていない」のかというと、それはすぐれた人物である父親に似ていない、できの悪い息子、という意味なのである。つまり「不肖」とは父親に対する息子が使う謙譲語《けんじょうご》であって、M氏は読者と親子関係にあるわけではないし、選挙の立候補者も有権者と親子の関係にあるわけではない。

「不肖」は本来は親子関係における謙譲語だったのが、やがて一般的に自分を謙遜《けんそん》するいい方として使われるようになった。ただ「不肖」がもうあまり使われないのに対して、同じく謙譲語であった「未亡人《みぼうじん》」という単語は、いまもあちらこちらで頻繁に使われる。

「未亡人」の三文字を訓読すると、「いまだ亡びざる人」となる。つまり「まだ死んでいない人」という意味であり、そこからわかるように、本来は夫が死去した時に妻が、「本来は夫とともに死ぬべきなのに、まだおめおめと生き続けている私」という意味で使う謙譲表現だったのである。だから寡婦となった女性のことを、アカの他人が「◎◎さんの未亡人」とよぶのは、実は非常に失礼ないい方なのである。

「未亡人」は歴史の古い単語で、いまから二千年以上も前にできた『春秋左氏伝《しゅんじゅうさしでん》』という文献の中にすでにいくつかの用例がある。そんな単語の本来の意味が世間ではどれくらい知られているのだろうと思って、インターネットで「未亡人」を検索したら、「成人向け」の動画や写真を掲載するアダルトサイトが山のように出てきて面くらった。「未亡人」にはますます失礼なことである。

## 名刺《めいし》

### ◇「名刺」はなぜ「刺」を使うのか？

日本にくる中国からの客のほとんどが自己紹介で名刺を出す。中国国内でも名刺交換の習慣が一般的になっている。しかし日中の交流がいまのようにさかんになる前には、中国では名刺がほとんど普及していなかった。一九九〇年代初めに北京のある役所を訪れ、受付で名刺を出して取り次ぎを頼んだところ、受付のおっさんは「この名刺はどこで作った？　日本で？　ふーん、日本で名刺を作るにはいくらくらいかかるんだ？」と、業務そっちのけで私を質問責めにした。

「名刺」という便利なものを発明したのも中国で、その発明は大変に古いことだった。名刺はもともと「刺」または「謁《えつ》」といい、紙が発明される前から、細長く短冊状に削った木の札（木簡）に自分の姓名や相手への用件などを書きつけた。またそれを差しだして相手に面会を求めることを「刺を通ず」といった。

漢の高祖劉邦《りゅうほう》は、若いころある田舎で下級役人をしていたが、ある時その地方に呂氏《りょし》という豪族が逗留《とうりゅう》したので、土地の名士たちが続々と彼を訪問した。しかし呂氏の方は手土産として持参する金が「千銭」以下の者を座敷には通さなかった。ところが劉邦はまったく無一文であるくせに、「銭万もて賀す」と「謁」に堂々と嘘を書いて差しだした。驚いて出迎えた呂氏は、人相を見ることに長けていたので、こいつはいまは素寒貧《すかんぴん》だが、やがてきっと大人物になるにちがいないと見てとり、厚く遇してさらには自分の娘を嫁がせた。これがやがて高祖の妃となる呂后だが、その時に劉邦が面会を求めて差しだした「謁」がほかでもなく名刺であって、この謁には持参した金高が記されていたようだ。

名刺には姓名だけでなく、時には相手に対する挨拶や用件なども書き添えられた。東晋時代の墓から発見された、長さ二十五・三センチ、幅三センチもある大きな「名刺」には呉応《ごおう》という姓名が書かれ、さらにその上に「弟子」とある。おそらく呉応が師匠にあたる人物に差しだしたものだろう。

この名刺にはさらに同じ面に「問起居」（ご機嫌いかがですか）と書かれている。日本でもこの名刺をまねて、営業マンの名刺に「よろしく」程度の挨拶を刷りこんでおけば、あるいは営業の成績がぐっとあがるかもしれない。

# 狼狽《ろうばい》

## ◇「狼」はオオカミ。では「狽」はどんな動物？

「うろたえる」と入力してなにげなく変換キーを押すと、画面に「狼狽える」と表示された。「狼狽」が和語「うろたえる」の漢字表記に使われていることを、これではじめて知った。コンピューターを使うと、実は漢字の勉強になるものだ。

あわてふためき、とまどうことを意味する「狼狽《ろうばい》」は、どちらの漢字にもケモノへんがついていることからわかるように、二種類の動物を並べた熟語である。はじめの「狼」はいうまでもなくオオカミで、獰猛《どうもう》なオオカミは、山から人里に下りてきて家畜を殺すなど、古くから人間社会に大きな害悪をあたえてきた。しかし人間も負けてはおらず、オオカミを捕らえて肉を食べたり、毛皮から衣服や敷物を作ってきた。後漢の王充《おうじゅう》が著した『論衡《ろんこう》』（調時篇）に「狼衆《おお》ければ人を食らい、人衆ければ狼を食らう」とあるのは、まことに言いえて妙である。また狼の糞を乾燥させたものは燃料として使われ、燃える時に煙がまっすぐにあがることから、特にノロシを上げる時の燃料にもってこいであった。ノロシを漢字で「狼煙」と書くのはそのためである。

もう一方の「狽」は想像上の動物なのだが、こちらももとはオオカミの一種だったという。話は唐の段成式《だんせいしき》がさまざまな事物について考証した随筆集『酉陽雑俎《ゆうようざっそ》』（巻十六）に見え、そこに「あるひと言うに、狼と狽はこれふたつの物にして、狽は前足絶えて短く、行くごとにつねに狼の腿の上に駕《が》す。狽は狼を失えば則ち動くことあたわず、故に世に事の乖《かい》する者を狼狽と称す」とあるが、ここでは狼の足の長短についてはなにも述べられていない。

それが明の梅膺祚《ばいようそ》が編纂した字書『字彙《じい》』になると「狼は前の二足長く、後ろの二足短し。狽は前の二足短く、後ろの二足長し。狼は狽無ければ立たず、狽は狼無くして行かず、もし相い離れれば則ち進退するを得ず」となる。「狼」と「狽」は前足と後足の長短が不揃いなので、両者は常に一緒に行動する必要があり、どちらか一方が離れると、とたんに歩けなくなってしまう。それであわてふためき、うろたえることを「狼狽」というようになった、というわけだ。

獰猛なオオカミも、熟語では実に滑稽な動物とされてしまった。

# 鹿鳴館《ろくめいかん》

## ◇明治時代の西欧化は、うわべだけだった!?

かつて山口大学から招かれて講義に出かけたら、先方が宿舎として湯田《ゆだ》温泉にある旅館を手配してくださった。朝から夕方までの講義を四日間ぶっ通しでするのは相当の重労働だから、温泉宿を宿舎にできるのはなによりもありがたい。

講義からもどり、夕食前に湯田温泉の街中を散策していると駅近くに小さな公園があって、そこに銅像がたっていた。近寄って見ると、山高帽をかぶり、フロックコートを着た明治の元老井上馨《いのうえかおる》（一八三五―一九一五）がそこにいた。

井上馨は、幕末期に木戸孝允《きどたかよし》・高杉晋作《たかすぎしんさく》らとともに倒幕派の中心人物として活躍、維新政権成立後は要職を歴任し、大正四年に没するまで伊藤博文《いとうひろふみ》・山県有朋《やまがたありとも》とともに明治三元老の一人として政界に君臨した。井上はとりわけ外交面で活躍し、不平等条約改正のために積極的に欧化政策を採用した。そのもっとも顕著な例が鹿鳴館《ろくめいかん》の建設（一八三三＝明治一六年）で、当時の金額で十八万円という巨費を投じて作られた施設では、各国の外交官や上流階級の人々が、連日のように舞踏会や音楽会に招かれた。

鹿鳴館はいまの帝国ホテルの東側にあって、日比谷公園（当時は日比谷練兵場）に面していた。設計者は工部大学（後の東京大学工学部）教授であり、駿河台《するがだい》ニコライ聖堂の設計者としても知られるイギリス人ジョサイア・コンドルであった。

鹿鳴館では欧風の調度があちらこちらに設けられた部屋に、当時のトップファッションだった洋装の男女が集まって、うわべだけの西欧化が進められたが、しかしその名を「鹿鳴館」と名づけたことに象徴されるように、それは東洋の伝統的文化からくるしがらみから脱しきっていたものではなかった。

「鹿鳴《ろくめい》」は中国最古の詩集である『詩経』の詩の篇名であり、詩の中に「われに嘉《よ》き賓《ひん》有り、瑟《しつ》を鼓し笙《しょう》を吹き、笙を吹き簧《こう》を鼓す、和楽し且つ湛《たの》しむ、我に旨《うま》き酒有り、以て嘉賓の心を燕楽《たのしま》せん」という一節があることから、大切な客をもてなす際の歓迎の音楽とされた。だがその名前をつけた建物に招かれた「嘉き賓」は、漢字が読めない外国人と、欧風ファッションを借り物のようにぎこちなく身につけた日本人だったのである。

青春文庫

# 故《こ》事《じ》・ことわざ・四《よ》字《じ》熟《じゅく》語《ご》
# 教《きょう》養《よう》が試《ため》される100話《わ》

2017年7月20日　第1刷

著　者　阿《あ》辻《つじ》哲《てつ》次《じ》

発行者　小澤源太郎

責任編集　株式会社プライム涌光

発行所　株式会社青春出版社

〒162-0056　東京都新宿区若松町12-1

電話 03-3203-2850（編集部）

03-3207-1916（営業部）

振替番号　00190-7-98602

印刷／中央精版印刷

製本／フォーネット社

ISBN 978-4-413-09675-1

想いがつのる日本の古典！
## 妖しい愛の物語
三輪山の蛇神、葛の葉、
黒姫と黒龍、立烏帽子…
神々や妖異が人と縁を結んだ異類婚姻譚！
古典の謎研究会［編］
(SE-668)

## 自分の中に孤独を抱け
ひとりでもいい――
弱いままなら弱いまま
誇らかに生きる
岡本太郎
(SE-669)

〝ややこしい〟をスッキリさせる
## 幕末と明治維新10のツボ
夢、怒り、欲望…が渦巻く
混沌の時代を、ていねいに解きほぐす、
大人のための超入門！
歴史の謎研究会［編］
(SE-670)

日本人の9割が答えられない
## 理系の大疑問100
電卓はなぜ計算間違いをしないのか？
「何万光年」離れた星の距離がどうして
わかるのか？ 納得の「理系雑学」決定版！
話題の達人倶楽部［編］
(SE-671)